Einführung in die Offenbarung des Johannes

Einführung in die Offenbarung des Johannes

Anbetung, Zeugnis und neue Schöpfung

unter der Aufsicht von
Dean Flemming

Theologische Grundlagen

©Digital Theological Library 2025
©Digitale Theologische Bibliothek 2025

Library of Congress Cataloging-in-Publication Data
Bibliografische Katalogisierung der Library of
Congress

Dean Flemming (Ersteller).
[Introduction to the Book of Revelation: Worship, Witness and New
Creation / Dean Flemming]
Einführung in die Offenbarung des Johannes: Anbetung, Zeugnis und neue
Schöpfung / Dean Flemming

119 + xiv Seiten. cm. 12,7 x 20,32 (mit Bibliografie und Karte)
ISBN 979-8-89731-492-8 (Druckausgabe)
ISBN 979-8-89731-171-2 (Ebook)
ISBN 979-8-89731-160-6 (Kindle)
    1.   Bibel. Offenbarung – Kritik, Auslegung usw.
    2.   Bibel. Offenbarung – Theologie

BS2825.3 .F5415 2025

Dieses Buch ist in anderen Sprachen erhältlich unter
www.DTLPress.com

Titelbild: "Der Fall Babylons" und "Der Abstieg des Neuen Jerusalem"
aus der französischen *Cloisters Apocalypse* (1330)
Bildnachweis: https://www.metmuseum.org

Inhalt

Vorwort zur Reihe
ix

Einführung
Der Ruf und der Missbrauch der Offenbarung
1

Kapitel 1
Interpretation der Offenbarung
Lesen mit Ehrfurcht und Weisheit
7

Kapitel 2
Historischer und kultureller Kontext der Offenbarung
19

Kapitel 3
Literarische Gattung und Struktur
27

Kapitel 4
Christus und die Kirchen (Offenbarung 1–3)
37

Kapitel 5
Anbetung und das Lamm (Offenbarung 4–5)
45

Kapitel 6
Gericht und Gnade – Die Siegel, Posaunen und Schalen
53

Kapitel 7
Die Kirche im Konflikt – Der Drache und die Bestien
61

Kapitel 8
Das multinationale Volk Gottes
67

Kapitel 9
Babylon die Große und der Untergang des Imperiums
75

Kapitel 10
Die Rückkehr des Königs – Christi endgültiger Sieg
83

Kapitel 11
Ein neuer Himmel und eine neue Erde
91

Kapitel 12
Einige führende Interpreten der Offenbarung
97

Kapitel 13
Predigen und Lehren der Offenbarung heute
107

Epilog
Lebendige Offenbarung heute
115

Ausgewählte Bibliographie
117

Anhang
121

Vorwort zur Reihe

Künstliche Intelligenz (KI) verändert alles, auch die theologische Wissenschaft und Lehre. Die Reihe "Theologische Grundlagen" soll das kreative Potenzial von KI in die theologische Ausbildung einbringen. Im traditionellen Modell verbrachte ein Wissenschaftler, der sowohl den wissenschaftlichen Diskurs beherrschte als auch erfolgreich im Unterricht tätig war, mehrere Monate – oder sogar Jahre – damit, einen Einführungstext zu schreiben, zu überarbeiten und neu zu schreiben. Dieser Text wurde dann an einen Verlag weitergeleitet, der ebenfalls Monate oder Jahre in die Produktion investierte. Obwohl das Endprodukt in der Regel recht vorhersehbar war, trieb dieser langsame und teure Prozess die Preise für Lehrbücher in die Höhe. Infolgedessen zahlten Studierende in Industrieländern mehr als nötig für die Bücher, und Studierende in Entwicklungsländern hatten meist keinen Zugang zu diesen (unerschwinglichen) Lehrbüchern, bis sie Jahrzehnte später als Ausschussware oder Spenden auftauchten. In früheren Generationen machte die Notwendigkeit der Qualitätssicherung – in Form von Inhaltserstellung, Expertenprüfung, Lektorat und Druckzeit – diesen langsamen, teuren und ausgrenzenden Ansatz möglicherweise unvermeidlich. KI verändert jedoch alles.

Diese Reihe ist ganz anders; sie wurde von KI erstellt. Der Einband jedes Bandes kennzeichnet das Werk als "unter Aufsicht" eines Experten auf dem jeweiligen Gebiet erstellt. Diese Person ist jedoch kein Autor im herkömmlichen Sinne. Der Autor jedes

Bandes wurde von den DTL-Mitarbeitern im Umgang mit KI geschult und nutzte KI, um den angezeigten Text zu erstellen, zu bearbeiten, zu überarbeiten und neu zu gestalten. Nachdem dieser Erstellungsprozess klar definiert ist, möchte ich nun die Ziele dieser Reihe erläutern.

Unsere Ziele

Glaubwürdigkeit: Obwohl KI in den letzten Jahren enorme Fortschritte gemacht hat und weiterhin macht, kann keine unbeaufsichtigte KI einen wirklich zuverlässigen oder glaubwürdigen Text auf Hochschul- oder Seminarniveau erstellen. Die Einschränkungen KI-generierter Inhalte liegen manchmal in den Inhalten selbst (möglicherweise ist das Trainingsset unzureichend), häufiger jedoch ist die Unzufriedenheit der Nutzer mit KI-generierten Inhalten auf menschliche Fehler zurückzuführen, die auf mangelhaftes Prompt-Engineering zurückzuführen sind. Der DTL-Verlag versucht, beide Probleme zu lösen, indem er etablierte Wissenschaftler mit anerkannter Expertise für die Erstellung von Büchern in ihren Fachgebieten engagiert und diese Wissenschaftler und Experten in KI-Prompt-Engineering ausbildet. Um es klarzustellen: Der Wissenschaftler, dessen Name auf dem Cover dieses Werks erscheint, hat diesen Band geschaffen – er hat das Werk erstellt, gelesen, überarbeitet, wiedergelesen und überarbeitet. Obwohl das Werk (in unterschiedlichem Maße) von KI erstellt wurde, erscheinen die Namen unserer wissenschaftlichen Autoren auf dem Cover als Garantie dafür, dass der Inhalt ebenso glaubwürdig ist wie jede Einführungsarbeit, die dieser Wissenschaftler/Autor nach traditionellem Vorbild verfasst hätte.

Stabilität: KI ist generativ, d. h. die Antwort auf jede Eingabeaufforderung wird individuell für die jeweilige Anfrage generiert. Keine zwei KI-generierten

Antworten sind exakt gleich. Die unvermeidliche Variabilität der KI-Antworten stellt eine erhebliche pädagogische Herausforderung für Professoren und Studenten dar, die ihre Diskussionen und Analysen auf der Grundlage eines gemeinsamen Ideenfundaments beginnen möchten. Bildungseinrichtungen benötigen stabile Texte, um pädagogisches Chaos zu vermeiden. Diese Bücher bieten diesen stabilen Text, auf dessen Grundlage gelehrt, diskutiert und Ideen vermittelt werden können.

Erschwinglichkeit: Der DTL-Verlag ist der Ansicht verpflichtet, dass Erschwinglichkeit kein Hindernis für Wissen darstellen sollte. Alle Menschen haben gleichermaßen das Recht auf Wissen und Verständnis. Daher sind E-Book-Versionen aller DTL-Verlagsbücher kostenlos in den DTL-Bibliotheken und als gedruckte Bücher gegen eine geringe Gebühr erhältlich. Unseren Wissenschaftlern/Autoren gebührt Dank für ihre Bereitschaft, auf traditionelle Lizenzvereinbarungen zu verzichten. (Unsere Autoren erhalten für ihre kreative Arbeit eine Vergütung, jedoch keine Tantiemen im herkömmlichen Sinne.)

Zugänglichkeit: DTL Press möchte hochwertige und kostengünstige Einführungslehrbücher weltweit für alle zugänglich machen. Die Bücher dieser Reihe sind ab sofort in mehreren Sprachen erhältlich. Auf Anfrage erstellt DTL Press Übersetzungen in weitere Sprachen. Die Übersetzungen werden selbstverständlich mithilfe künstlicher Intelligenz erstellt.

Unsere anerkannten Grenzen

Einige Leser werden sich möglicherweise fragen: "Aber KI kann doch nur bestehende Forschung zusammenfassen – sie kann keine originelle, innovative Wissenschaft hervorbringen." Diese Kritik ist weitgehend berechtigt. KI ist im Wesentlichen darauf beschränkt, vorhandene Ideen zu aggregieren, zu organisieren und neu zu formulieren – auch wenn sie dies in einer Weise tun kann, die zur Beschleunigung und Verfeinerung der wissenschaftlichen Produktion beiträgt. Dennoch möchte DTL Press zwei wichtige Punkte hervorheben: Einführende Texte sind in der Regel nicht dazu gedacht, bahnbrechend originell zu sein, sondern bieten eine fundierte Einführung in ein Fachgebiet. DTL Press bietet weitere Buchreihen an, die sich der Veröffentlichung von origineller Wissenschaft mit traditionellen Autorenschaften widmen.

Unsere Einladung

DTL Press möchte die akademische Publikationslandschaft in der Theologie grundlegend umgestalten, um wissenschaftliche Forschung zugänglicher und erschwinglicher zu machen – und zwar auf zwei Wegen. Erstens streben wir an, Einführungstexte für alle theologischen Fachbereiche zu generieren, sodass Studierende weltweit nicht mehr gezwungen sind, teure Lehrbücher zu kaufen. Unser Ziel ist es, dass Dozierende überall auf der Welt ein oder mehrere Bücher aus dieser Reihe als Einführungslektüre in ihren Kursen nutzen können. Zweitens möchten wir traditionell verfasste wissenschaftliche Monografien im Open Access (kostenfrei zugänglich) veröffentlichen, um auch fortgeschrittenen wissenschaftlichen Lesern hochwertigen Inhalt bereitzustellen.

Schließlich ist DTL Press konfessionell ungebunden und veröffentlicht Werke aus allen Bereichen der Religionswissenschaft und Theologie. Traditionell verfasste Bücher durchlaufen ein Peer-Review-Verfahren, während die Erstellung KI-generierter Einführungswerke allen Wissenschaftlern mit entsprechender Fachkompetenz zur inhaltlichen Überwachung offensteht.

Falls Sie das Engagement von DTL Press für Glaubwürdigkeit, Erschwinglichkeit und Zugänglichkeit teilen, laden wir Sie herzlich ein, mit uns die Welt des theologischen Publizierens zu verändern – sei es durch die Mitarbeit an dieser Reihe oder an einer unserer traditionellen wissenschaftlichen Veröffentlichungen.

Mit hohen Erwartungen,
Thomas E. Phillips
Geschäftsführer von DTL Press
www.DTLPress.com
www.thedtl.org

Einführung
Der Ruf und der Missbrauch der Offenbarung

Die Offenbarung des Johannes nimmt in der christlichen Vorstellungswelt einen einzigartigen – und oft kontroversen – Platz ein. Ihre reiche Symbolik, ihre anschaulichen Bilder und ihre dramatischen Visionen faszinieren und verwirren Leser seit Jahrhunderten. Für manche ist die Offenbarung ein inspiriertes Wort der Hoffnung. Für andere ist sie eine Quelle der Angst und Verwirrung. Sie wird einerseits als kraftvolle Prophezeiung geschätzt, andererseits als undurchdringliches Geheimnis gemieden.

Leider wurde die Offenbarung auch häufig missbraucht. Sowohl in der Populärkultur als auch auf den Kanzeln wurde das Buch oft auf spekulative Zeitlinien, Verschwörungstheorien und angstbasierte Eschatologie reduziert. Es wurde eingesetzt, um Gewalt zu rechtfertigen, politische Gegner zu dämonisieren und sich zugunsten apokalyptischer Sensationsmache der gegenwärtigen Verantwortung zu entziehen. Diese Verzerrungen verraten nicht nur den Geist der

Offenbarung, sondern untergraben auch ihren theologischen Reichtum und ihre pastorale Kraft.

Offenbarung als theologische Schrift

Die Offenbarung ist weit davon entfernt, ein verschlüsseltes Drehbuch über die Endzeit zu sein, sondern tief theologisch geprägt. Sie ist ein Buch der Anbetung und des Zeugnisses, des Gerichts und der Gerechtigkeit, des Konflikts und der Gemeinschaft. Sie präsentiert eine kosmische Vision von Gottes Herrschaft durch das gekreuzigte und auferstandene Lamm und ruft die Kirche dazu auf, ihm in treuem, aufopferndem Zeugnis zu folgen.

Die Offenbarung vereint reiche biblische Traditionen – von den hebräischen Propheten und der Weisheitsliteratur bis hin zu apokalyptischen Schriften und christologischen Hymnen. Ihre Vision ist nicht eng voraussagend, sondern zutiefst theologisch: eine Offenbarung von Gottes Charakter, Gottes Absichten in der Geschichte und Gottes verheißener Zukunft. Das Buch zieht uns in das göttliche Drama der Erlösung hinein und lädt uns ein, die Welt nicht aus der Sicht des Imperiums, sondern aus der Sicht Gottes zu sehen.

Die Bedeutung des Buches im heutigen christlichen Leben

Die Offenbarung wirkt weiterhin kraftvoll in das Leben der Kirche ein, über Kulturen und Kontinente hinweg. In Kontexten politischer Unterdrückung stärkt sie Gemeinschaften des Widerstands. In Situationen wirtschaftlicher Ungerechtigkeit entlarvt sie den Götzendienst Babylons. In Zeiten der Umweltkrise bietet sie eine Vision ökologischer Erneuerung. Und in Situationen der Apathie oder des Kompromisses ruft sie die Kirche zu prophetischer Treue auf.

In der Offenbarung geht es nicht nur um das Ende – sie handelt von Jüngerschaft in der Gegenwart, geprägt von der Wirklichkeitsvision des Lammes. Die Kirche ist aufgerufen, jetzt als Vorgeschmack des Neuen Jerusalems zu leben, den Verführungen des Imperiums zu widerstehen und Zeugnis abzulegen für die Gerechtigkeit, Barmherzigkeit und Hoffnung des Reiches Gottes.

Ablauf und Zweck dieses Buches

Dieses Lehrbuch richtet sich an Theologiestudierende weltweit und soll sie für eine eingehende Auseinandersetzung mit der Offenbarung im akademischen und pastoralen Kontext rüsten. Die Kapitel sind so aufgebaut, dass sie von den grundlegenden Interpretationswerkzeugen über die kontextuelle und theologische

Analyse bis hin zur praktischen Anwendung im kirchlichen Dienst reichen.

Kapitel eins untersucht Interpretationsmethoden und globale Perspektiven, um den Lesern einen verantwortungsvollen Umgang mit dem Text zu ermöglichen. Die folgenden Kapitel folgen der sich entfaltenden Erzählung und den theologischen Themen des Buches: beginnend mit dem historischen Kontext und der Autorschaft, weiter über die Christologie, die Briefe an die Gemeinden, Szenen himmlischer Anbetung, die Dynamik von Gericht und Barmherzigkeit, das Zeugnis der Kirche und die Darstellung von Reich und neuer Schöpfung in der Offenbarung.

Die letzten Kapitel heben führende Interpreten hervor, bieten Anleitungen zum Predigen und Lehren der Offenbarung und ermutigen zur treuen Anwendung in lokalen und globalen Kirchen. Das Buch betont dabei den pastoralen Kern der Offenbarung und ihren Aufruf zur Anbetung, zum Widerstand und zur Hoffnung auf das Lamm, das ist und das kommen wird.

In der Offenbarung geht es nicht nur um das Ende – sie handelt von Jüngerschaft in der Gegenwart, geprägt durch die Wirklichkeitsvision des Lammes. Die Kirche ist aufgerufen, jetzt als Vorgeschmack des Neuen Jerusalems zu leben, den Verführungen des Imperiums zu widerstehen und

Zeugnis abzulegen für die Gerechtigkeit, Barmherzigkeit und Hoffnung des Reiches Gottes.

Kapitel 1
Interpretation der Offenbarung
Lesen mit Ehrfurcht und Weisheit

Die Offenbarung des Johannes lädt zur Interpretation ein und fordert sie zugleich. Sie ist wohl das symbolträchtigste, am meisten missverstandene und missbrauchte Buch des christlichen Kanons. Ihre eindrucksvolle Bildsprache – Drachen und Tiere, Engel und Plagen, Throne und Gerichte – hat schon immer Faszination und oft auch Angst ausgelöst. Doch im Kern ist die Offenbarung kein Rätsel, sondern eine Offenbarung (*Apokalypsis*): eine Enthüllung von Gottes Absichten in der Geschichte, betrachtet durch Christi Sieg und das Zeugnis des Heiligen Geistes an die Kirchen.

Die Offenbarung richtig zu lesen erfordert Weisheit, Demut und theologische Vorstellungskraft. Sie ist weder eine wörtliche Vorhersage von Schlagzeilen noch ein kryptisches Handbuch für Insider. Sie ist Heilige Schrift – pastoral, prophetisch und liturgisch. Daher muss die Interpretation von der Verpflichtung zum ursprünglichen Kontext des Textes, dem fortwährenden Leben der Kirche und der Stimme des Heiligen Geistes in den verschiedenen Gemeinschaften weltweit geprägt sein.

Vier klassische Ansätze zum Lesen der Offenbarung

Im Laufe der christlichen Geschichte haben sich Interpreten der Offenbarung anhand von vier breiten hermeneutischen Ansätzen genähert. Diese Modelle – futuristisch, präteristisch, historistisch und idealistisch – sind weder erschöpfend noch schließen sie sich gegenseitig aus, spiegeln aber wichtige Tendenzen wider, wie Christen versucht haben, die seltsame und schöne Welt der Offenbarung zu verstehen.

Futuristischer Ansatz

Die futuristische Sichtweise interpretiert den größten Teil der Offenbarung (insbesondere die Kapitel 4–22) als Hinweis auf zukünftige, buchstäbliche Ereignisse, die am Ende der Geschichte eintreten werden. Dieser Ansatz, oft mit dem dispensationalistischen Prämillenarismus assoziiert, erlangte im 19. und 20. Jahrhundert insbesondere im nordamerikanischen Evangelikalismus großen Einfluss. Aus dieser Perspektive wird das Buch als prophetischer Zeitplan gelesen, der die Große Trübsal, den Aufstieg des Antichristen und die Wiederkunft Christi beschreibt.

Diese Sichtweise betont die Souveränität Gottes über die Geschichte und die Hoffnung auf Christi Wiederkunft. Sie ermutigt Christen, mit einem Gefühl der Dringlichkeit zu leben und Gottes endgültigen Sieg zu erwarten. Sie birgt jedoch auch ernste Fallstricke. Ein zu starker Fokus auf prädiktive Prophezeiungen kann eine angstbasierte Eschatologie, ungesunde Spekulationen und sogar politische Selbstgefälligkeit oder Fatalismus fördern. Solche Lesarten versuchen möglicherweise, jedes Symbol der Offenbarung mit aktuellen geopolitischen Ereignissen oder Figuren in Verbindung zu bringen, was oft zu verzerrten Interpretationen und falschen theologischen Prioritäten führt. In extremen Formen reduziert dieser Ansatz die Offenbarung auf ein apokalyptisches Horoskop und untergräbt so ihren theologischen Reichtum und ihren pastoralen Zweck.

Präteristischer Ansatz

Der präteristische Ansatz betrachtet die Offenbarung in erster Linie als Botschaft an die Kirchen des ersten Jahrhunderts unter römischer Herrschaft. Das Tier symbolisiert die kaiserliche Verfolgung, und Babylon wird entweder als Rom oder als abtrünniges Jerusalem gesehen. Gerichtsszenen entsprechen historischen

Ereignissen wie der Zerstörung des Tempels im Jahr 70 n. Chr.

Der Präterismus verortet die Offenbarung zu Recht in ihrem historischen Kontext und betont die dringende Relevanz des Buches für sein ursprüngliches Publikum. Ein zu restriktiver Präterismus könnte jedoch die transhistorische theologische Kraft des Buches – seine fortwährende Ansprache an die Kirche über alle Zeitalter und Kulturen hinweg – dämpfen.

Historizistischer Ansatz

Die historizistische Lesart versteht die Offenbarung als einen umfassenden Überblick über die Kirchengeschichte, vom apostolischen Zeitalter bis zur endgültigen Vollendung. Diese unter Protestanten der Reformationszeit beliebte Sichtweise identifizierte das Tier oft mit dem römisch-katholischen Papsttum und Babylon mit kirchlicher Korruption oder politischer Tyrannei.

Obwohl sie in wissenschaftlichen Kreisen heute weitgehend vernachlässigt werden, heben historizistische Interpretationen hervor, dass die Offenbarung schon seit langem eine Linse ist, durch die Christen ihre eigene Zeit im Licht der Absichten Gottes lesen – manchmal weise, manchmal gefährlich.

Idealistischer (oder theologisch-symbolischer) Ansatz

Der idealistische oder symbolische Ansatz betrachtet die Offenbarung als zeitlose theologische Vision, die den kosmischen Konflikt zwischen Gut und Böse, Christus und Satan, Kirche und Reich darstellt. Anstatt Symbole mit bestimmten Ereignissen oder Daten zu verknüpfen, betont diese Sichtweise spirituelle Themen: Gottes Souveränität, den Ruf zum treuen Zeugnis, das Gericht über das Böse und die Hoffnung auf eine neue Schöpfung.

Dieser Ansatz stellt die liturgischen, theologischen und ethischen Dimensionen der Offenbarung in den Vordergrund, muss jedoch vermeiden, den Text auf Abstraktionen zu reduzieren oder seine prophetische Spezifität zu ignorieren.

Integrative und theologische Lesungen

In der zeitgenössischen Interpretation halten sich nur wenige Gelehrte oder Pfarrer strikt an einen einzigen Ansatz. Viele nutzen eklektische oder integrative Lesarten und kombinieren Erkenntnisse aus verschiedenen Modellen. So könnte man beispielsweise behaupten, die Offenbarung habe sich direkt an die Gemeinden des ersten Jahrhunderts gewandt (präteristisch), dauerhafte geistliche Realitäten dargestellt (idealistisch) und auch die zukünftige Vollendung des Reiches Gottes vorweggenommen (futuristisch).

Letztlich bedeutet eine gute Lektüre der Offenbarung, sie nicht als Rätsel zu betrachten, sondern als Heilige Schrift, die die Vision, die Werte und die Berufung der Kirche prägt. Dazu gehört die tiefe Beachtung ihrer christozentrischen Ausrichtung, ihrer trinitarischen Theologie, ihrer symbolischen Kohärenz und ihres Aufrufs zu gemeinschaftlichem Durchhaltevermögen.

Lesen mit der Weltkirche

Die Offenbarung wird nicht nur interpretiert – sie wird gelebt. Weltweit haben christliche Gemeinschaften die Apokalypse durch die Linse ihres eigenen Leidens, ihrer eigenen Kämpfe und ihrer eigenen Hoffnung gelesen. Diese kontextuellen Interpretationen zeigen, wie der Geist weiterhin auf zutiefst relevante und transformierende Weise durch die Offenbarung spricht.

Befreiung und postkoloniale Lesarten

In Lateinamerika, Afrika und Asien wurde die Offenbarung oft als prophetisches Wort an die Unterdrückten verstanden. Die Bilderwelt der Tiere und Babylons ist nicht abstrakt – sie steht für Diktaturen, multinationale Konzerne und Systeme der Armut und rassistisch motivierten Gewalt. In diesem Kontext wird die Offenbarung zu einem Handbuch des Widerstands und ruft die Kirche dazu auf, in der Macht des Lammes festzustehen und sich mit den Ausgegrenzten zu solidarisieren.

Postkoloniale Interpreten betonen, dass die Apokalypse Reiche und Götzenanbetung kritisiert, nicht nur das antike Rom, sondern alle Herrschaftssysteme. Sie stellen westliche Lesarten in Frage, die diese Kritik ignorieren oder beschönigen, und fordern eine entkolonialisierte Eschatologie, die die Herrschaft des Lammes als gute Nachricht für die Armen, nicht für die Mächtigen betrachtet.

Ökologische und indigene Perspektiven

Die Visionen der Offenbarung von der wiederhergestellten Schöpfung – der Baum des Lebens, der Fluss der Heilung und die Erneuerung der Erde (Offb 21–22) – finden starken Widerhall in indigenen Theologien und der ökologischen Ethik. In einer Zeit globaler Umweltkrise beanspruchen diese Lesarten die Apokalypse als Text nicht der Weltverleugnung, sondern der Erlösung der Erde.

Indigene Theologen betonen die Bedeutung von Ort, Erinnerung und gemeinschaftlichem Gedeihen und betrachten das Neue Jerusalem nicht als Flucht vor der Welt, sondern als kosmisches

Heiligtum geheilter Beziehungen – zwischen Völkern, Ländern und Gott.

Feministische und womanistische Interpretationen
Feministische Leserinnen der Offenbarung üben sowohl Kritik als auch Rückbesinnung. Sie hinterfragen die geschlechtsspezifische Symbolik – sie stellen fest, wie Babylon und die Frau, bekleidet mit der Sonne, konkurrierende Weiblichkeitsideale repräsentieren – und stellen Lesarten in Frage, die göttliche Gewalt verherrlichen oder die Stimme der Frau unterdrücken.

Gleichzeitig entdecken feministische und womanistische Theologinnen die Bilder der Offenbarung von ermächtigtem Zeugnis und göttlicher Gerechtigkeit wieder. Persönlichkeiten wie Elisabeth Schüssler Fiorenza, Barbara Rossing und Catherine Keller zeigen, wie die Apokalypse als Vision des Widerstands und der Erneuerung gelesen werden kann, nicht als Befürwortung von Herrschaft.

Die Symbole der Offenbarung verantwortungsvoll interpretieren

Die Offenbarung ist voller Symbole, Anspielungen und Bilder. Heuschrecken, Posaunen, Leuchter, Schriftrollen und Throne fungieren als theologische Zeichen und nicht als wörtliche Beschreibungen. Um das Buch verantwortungsvoll zu interpretieren, müssen Leser darauf achten, wie Symbole funktionieren und wie sie mit biblischen Präzedenzfällen und dem kulturellen Kontext zusammenhängen.

Die Symbole der Offenbarung sind beschwörend und vieldeutig; sie wecken Emotionen und regen zum Nachdenken an. Doch sie sind auch anfällig für Missbrauch. Wörtliche oder sensationslüsterne Lesarten können Symbole als Waffe einsetzen und Bilder göttlicher Gerechtigkeit in Werkzeuge der Angst oder Ausgrenzung verwandeln. Die Offenbarung symbolisch zu lesen bedeutet nicht, ihre Bedeutung zu allegorisieren, sondern zu erkennen, wie ihre Visionen Gottes Wahrheit offenbaren und zu einer veränderten Vorstellungskraft anregen.

Verantwortungsvolle Interpretation erfordert eine fundierte Kenntnis biblischer Intertextualität, kulturellen Kontextes und theologischer Demut. Ziel ist nicht, Symbole in statische Referenten zu dekodieren, sondern sie als Einladung zu begreifen, die Wirklichkeit anders zu betrachten.

Lesen mit Fantasie

Wer die Offenbarung gut liest, muss sie mit geheiligter Vorstellungskraft lesen. Die Kraft des Buches liegt nicht nur in seiner Lehre, sondern auch in seiner Dramatik – seiner Fähigkeit, die Sinne zu wecken, den Geist zu bewegen und den Lesern das Geheimnis von Gottes kosmischen Absichten zu eröffnen. Die Offenbarung ist kein Handbuch, sondern eine Vision. Sie ist poetische Prophezeiung, keine prosaische Auslegung.

Wer die Offenbarung mit Fantasie liest, kann sich mit der Kunst, den Liedern und Metaphern der Offenbarung auseinandersetzen und so in ihre theologische Welt eintauchen. Das herrschende Lamm, die Schriftrolle, die geöffnet werden muss, die Anbetung, die niemals endet – das sind Bilder, die es zu bewohnen gilt, nicht bloß Ideen, die es zu erklären gilt. Durch Fantasie formt die Offenbarung nicht nur, was die Kirche glaubt, sondern auch, wie sie sieht, fühlt, hofft und betet.

Eine solche fantasievolle Lesart widersetzt sich der Reduzierung der Heiligen Schrift auf Argumente oder Zeitlinien. Sie ermöglicht es dem Heiligen Geist, neue Möglichkeiten für das Verständnis von Gottes Gerechtigkeit, Gegenwart und Zukunft zu eröffnen. In einer vom Zynismus geprägten Welt ruft die Offenbarung die Kirche dazu auf, wieder zu träumen.

Die Offenbarung als lebendiges Wort

Die Offenbarung ist kein Text für private Spekulationen, sondern für die öffentliche

Jüngerschaft. Ihre Bilder sollen unsere Vorstellungskraft formen, unser Zeugnis stärken und unsere Hoffnung ausrichten. Die Kirche interpretiert die Offenbarung nicht aus neutraler Perspektive – sie tut dies als eine Gemeinschaft unter Druck, die sich durch das Imperium bewegt, nach Gerechtigkeit sehnt und berufen ist, dem Lamm zu folgen, wohin es auch geht (Offb 14,4).

Die Offenbarung gut zu lesen ist also nicht nur eine akademische Übung – es ist eine Form spiritueller Bildung. Sie verlangt von uns, was sie von den Gemeinden des Johannes verlangte: Reue, Widerstandskraft, Anbetung und die Bereitschaft, die Welt mit den Augen des Himmels zu sehen.

Fragen zur Reflexion oder Diskussion

- Welche der vier klassischen Interpretationsansätze zur Offenbarung haben Ihr eigenes Verständnis des Buches geprägt und wie könnten andere Ansätze Ihre Perspektive bereichern oder in Frage stellen?
- Wie kann die Auseinandersetzung mit globalen und kontextuellen Interpretationen der Offenbarung die Lesung der Heiligen Schrift durch die Kirche bereichern?

Kapitel 2
Historischer und kultureller Kontext der Offenbarung

Das Römische Reich und der Kaiserkult

Um die Offenbarung getreu zu lesen, müssen wir uns zunächst in die Welt versetzen, aus der sie stammt – eine Welt, die vom Römischen Reich beherrscht wurde. Im späten 1. Jahrhundert n. Chr. hatte Rom seinen Einfluss über den gesamten Mittelmeerraum ausgedehnt und die verschiedenen Völker unter seiner Herrschaft durch militärische Eroberungen, administrative Effizienz und kulturelle Assimilation vereint. Vielen im Reich versprach Rom die Pax Romana – einen "Frieden", der durch Gewalt, Steuern und die Unterdrückung Andersdenkender gesichert wurde.

Im Mittelpunkt dieses imperialen Projekts stand der Kaiserkult. Obwohl er nicht im gesamten Reich einheitlich praktiziert wurde, blühte er besonders in Kleinasien, der Region, in der sich die sieben in der Offenbarung erwähnten Kirchen befanden. Tempel der göttlichen Kaiser standen an prominenter Stelle in Städten wie Pergamon und Ephesus. Inschriften und öffentliche Rituale ehrten

Kaiser nicht nur als Herrscher, sondern als halbgöttliche Retter und Garanten des Wohlstands. Die Teilnahme an diesen Bräuchen war nicht nur eine private Angelegenheit der Frömmigkeit, sondern ein öffentliches Bekenntnis der Loyalität gegenüber dem Reich.

Für die frühen Christen stellte dies ein tiefes Dilemma dar. Die Weigerung, an bürgerlichen Festen teilzunehmen oder dem Kaiser Weihrauch darzubringen, konnte als politische Subversion oder gar als Verrat gewertet werden. In diesem Kontext erhält der wiederholte Aufruf der Offenbarung zum "Überwinden" eine scharf politische Dimension. Er ist ein Aufruf zur Treue inmitten des Drucks, nicht nur von feindseligen Außenstehenden, sondern auch von kompromittierten Innenstehenden.

Soziale und religiöse Landschaft Kleinasiens

Die sieben Gemeinden, von denen in der Offenbarung (Offb 2-3) die Rede ist, waren in urbanen Zentren eingebettet, die von griechisch-römischem Bürgerstolz, wirtschaftlicher Komplexität und religiösem Pluralismus geprägt waren. Städte wie Smyrna, Thyatira und Laodizea waren geschäftige Handels- und Kulturzentren, verbunden durch römische Straßen und Handelsnetze. Lokale Gilden und Vereine veranstalteten oft Feste zu Ehren heidnischer

Gottheiten, was für Christen, die sich um soziale Inklusion und spirituelle Integrität bemühten, zusätzliche Spannungen mit sich brachte.

Das religiöse Leben in Kleinasien war lebendig und eng mit Politik und Wirtschaft verknüpft. Tempel der Artemis, des Apollon, des Zeus und des Kaisers selbst prägten das religiöse Bild und die bürgerliche Identität. Wer diese Gottheiten ablehnte, riskierte Isolation, Misstrauen und finanzielle Not. Daher ist die Verurteilung von Kompromissen in der Offenbarung – wie die Tadel an diejenigen, die "Isebel" (Offb 2,20) tolerieren oder den Lehren "Bileams" (Offb 2,14) folgen – nicht abstrakt, sondern dringend kontextbezogen. Die Botschaft konfrontiert mit den Kosten kultureller Assimilation.

Darüber hinaus waren auch jüdische Gemeinden Teil dieser religiösen Landschaft. Die Offenbarung spiegelt Spannungen zwischen einigen christlichen und jüdischen Gruppen wider, insbesondere in Städten, in denen Christen nicht mehr durch den Rechtsstatus des Judentums im Reich geschützt waren. Die scharfe Sprache des Briefes gegenüber "denen, die sagen, sie seien Juden, und es nicht sind" (Offb 2,9; 3,9) muss mit Vorsicht behandelt werden, um antijüdische Interpretationen zu vermeiden. Diese Passagen spiegeln eher innergemeinschaftliche Konflikte als pauschale Verurteilung wider und sollten im breiteren Kontext römischer Verfolgung und Identitätsverhandlungen interpretiert werden.

Frühchristliche Gemeinden und Widerstand

Die Offenbarung richtet sich nicht an eine triumphierende Kirche, sondern an verletzliche und vielfältige Gemeinschaften. Manche erfahren Verfolgung (Smyrna, Philadelphia), andere sind versucht, sich anzupassen (Pergamon, Thyatira), und wieder andere sind von Selbstgefälligkeit geprägt (Laodizea). Diese Gemeinden sind klein, sozial ausgegrenzt und kämpfen darum, herauszufinden, wie sie als treue Nachfolger Jesu in einer feindlichen Welt leben können.

Die ursprünglichen Empfänger des Buches waren nicht von der Macht Roms abgeschirmt – sie lebten täglich in ihrem Schatten. Dies erklärt die eindringliche Bildsprache der Offenbarung: Tiere, Drachen und Prostituierte symbolisieren politische und wirtschaftliche Systeme, die unterdrücken und verführen. Für diese Gläubigen waren apokalyptische Visionen keine Fluchtfantasien, sondern Werkzeuge des Widerstands. Das Buch liefert ihnen eine neue Karte der Realität – eine, in der der wahre König nicht Cäsar, sondern das geschlachtete und auferstandene Lamm ist.

In diesem Kontext fungiert die Offenbarung sowohl als Hirtenbrief als auch als prophetische Schrift. Sie ermutigt die Verfolgten, warnt die Selbstgefälligen und lenkt die Vorstellungskraft der Gläubigen neu. Der Ruf, "aus Babylon hinauszugehen" (Offb 18,4), bedeutet keinen Rückzug aus der Gesellschaft, sondern eine radikale Neuordnung der Loyalität. Christen sollen keine imperialen Werte übernehmen, sondern Zeugnis für das Lamm ablegen – selbst wenn dieses Zeugnis Leid mit sich bringt.

Herausforderungen der historischen Interpretation

Das Verständnis des historischen Hintergrunds der Offenbarung ist wichtig, aber nicht ohne Herausforderungen. Wurde die Offenbarung während der Herrschaft Neros (54–68 n. Chr.) oder Domitians (81–96 n. Chr.) geschrieben? Während einige aufgrund von Hinweisen auf Verfolgungen unter Nero für ein früheres Datum plädieren, bevorzugen die meisten Gelehrten die domitianische Zeit. Gegen Ende des 1. Jahrhunderts waren die Strukturen des Kaiserkults fester etabliert, und die Kirche wurde zunehmend als eigenständige und potenziell subversive Bewegung angesehen.

Darüber hinaus erfordert die Interpretation symbolischer Sprache eine sorgfältige

Kontextualisierung. "Babylon" beispielsweise spielt eindeutig auf Rom an und erinnert an die Verwendung des alten Babylon durch die hebräischen Propheten als Symbol eines unterdrückerischen Reiches. Doch Babylon geht auch über Rom hinaus – es wird zum Sinnbild jedes Systems, das entmenschlicht, ausbeutet und sich der Herrschaft Gottes widersetzt. So schränkt die historische Besonderheit der Offenbarung nicht ihre Relevanz ein, sondern erweitert ihre theologische Tiefe.

Wissenschaftler diskutieren weiterhin über Ausmaß und Art der Verfolgung im Kontext der Offenbarung. Zwar gibt es kaum Hinweise auf weitverbreitete Verfolgung im ganzen Reich zu dieser Zeit, doch lokale Feindseligkeiten, wirtschaftliche Ausgrenzung und gelegentliche Gewalt haben wahrscheinlich ein Klima der Angst und Instabilität geschaffen. Die Botschaft der Hoffnung der Offenbarung beruht also nicht auf dramatischen Märtyrertoden, sondern auf alltäglicher Treue.

Fragen zur Reflexion oder Diskussion
- Wie trägt das Verständnis des römischen Kaiserreichs dazu bei, die Bedeutung und Dringlichkeit der Offenbarung für ihre ursprünglichen Leser zu verdeutlichen?

- Inwiefern könnte die Kirche heute ähnlichen Versuchungen ausgesetzt sein wie im ersten Jahrhundert durch die römische Macht und den Götzendienst?

Kapitel 3
Literarische Gattung und Struktur

Was ist eine Apokalypse?

Die Offenbarung des Johannes beginnt mit einer kühnen Behauptung: Sie ist "die Offenbarung (griechisch: *apokalypsis*) Jesu Christi" (Offb 1,1). Dieser Begriff signalisiert, dass wir eine Apokalypse lesen – eine eigenständige Gattung jüdischer und frühchristlicher Literatur, die göttliche Geheimnisse enthüllt, oft durch symbolische Visionen, himmlische Reisen und dualistische Darstellungen von Gut und Böse. Weit davon entfernt, die Zukunft in verschlüsselten Details vorherzusagen, versucht die apokalyptische Literatur, die Wahrheit über die Gegenwart aus himmlischer Perspektive zu enthüllen.

Als Genre entsteht die Apokalypse typischerweise in Zeiten sozialer Krisen oder politischer Unterdrückung. Ihre Bilder sprechen diejenigen an, die am Rande der Gesellschaft leben, und vermitteln die Gewissheit, dass das Sichtbare nicht alles ist, was ist. Apokalyptische Schriften verändern den Blick des Lesers – von der scheinbaren Macht irdischer Reiche hin zur ultimativen Souveränität Gottes. Der Zweck der Offenbarung besteht daher nicht darin, Angst zu machen oder zu verwirren, sondern Hoffnung zu wecken und zu bewahren.

Wie andere jüdische Apokalypsen (z. B. Daniel, 1. Henoch, 4. Esra) weist die Offenbarung gemeinsame literarische Merkmale auf: Engel als Vermittler, symbolische Zahlen und Kreaturen, kosmische Konflikte und ein entscheidendes Gericht, gefolgt von Erneuerung. Die Offenbarung hebt sich jedoch dadurch ab, dass sie apokalyptische Vision mit christlicher Verkündigung verbindet, in deren Mittelpunkt das gekreuzigte und auferstandene Lamm steht. Diese theologische Besonderheit macht die Offenbarung sowohl zu einer Fortsetzung als auch zu einer Transformation der apokalyptischen Tradition.

Offenbarung als prophetische Literatur

Die Offenbarung ist nicht nur eine Apokalypse – sie bezeichnet sich ausdrücklich als Prophezeiung (Offb 1,3; 22,7.10.18–19). In der biblischen Tradition tun Propheten mehr, als nur die Zukunft vorherzusagen; sie sprechen Wahrheit in die Gegenwart hinein, entlarven Ungerechtigkeit, rufen zur Buße auf und offenbaren Gottes Absichten. Wie die Propheten Israels verkündet Johannes von Patmos das Urteil über Untreue und die Hoffnung auf Wiederherstellung.

Was die Prophezeiung der Offenbarung so besonders macht, ist ihre christozentrische Ausrichtung. Die Botschaft wurzelt im Lamm, das geschlachtet wurde und nun regiert. Die prophetische Stimme ist daher nicht bloß moralische Ermahnung oder politische Kritik – sie ist die Stimme des auferstandenen Christus, der die Kirchen zu treuem Durchhalten in einer feindlichen Welt aufruft. Johannes' prophetische Vision bezieht ihre Kraft aus der Vergangenheit der Heiligen Schrift, spricht sein zeitgenössisches Publikum direkt an und eröffnet einen theologischen Horizont, der alle Nationen umfasst.

Auf diese Weise fungiert die Offenbarung als pastorale Prophezeiung. Sie fordert selbstgefällige Gläubige heraus, tröstet die Bedrängten und richtet die Vorstellung der Gemeinde wieder auf Gottes Souveränität und den Opfersieg des Lammes. Ihre prophetische Kraft liegt nicht in der Vorhersage von Daten, sondern in der Benennung von Götzen, dem Widerstand gegen Machthaber und der Förderung einer Anbetung, die mit Gottes Herrschaft im Einklang steht.

Briefform und pastorale Absicht

Die Offenbarung ist nicht nur Apokalypse und Prophezeiung, sondern auch ein Brief – ein Rundschreiben an sieben historische Gemeinden in Kleinasien (Offb 2–3). Die einleitende Anrede (Offb 1,4–5) folgt dem damals üblichen Briefformat und weist darauf hin, dass dieses Buch zum Vorlesen in der Gemeinde gedacht ist.

Als Brief ist die Offenbarung zutiefst pastoral. Sie wendet sich an reale Gemeinschaften, die jeweils mit unterschiedlichen Herausforderungen konfrontiert sind: Verfolgung, Kompromissbereitschaft, Materialismus, Angst und spiritueller Apathie. Die Botschaften an die sieben Gemeinden sind kontextualisierte Minipredigten – Lob, Korrektur, Warnung und Verheißung. Die Zahl Sieben hat aber auch symbolische Bedeutung: Sie steht für Fülle und Vollständigkeit. So richtet sich der Brief auch an die gesamte Kirche – über Zeit und Ort hinweg.

Die pastorale Dimension der Offenbarung wird angesichts ihrer lebendigen Visionen oft übersehen. Doch wenn man sie als Brief liest, werden die Dringlichkeit und Intimität des Textes deutlich. Der auferstandene Christus spricht nicht aus einer fernen Zukunft, sondern inmitten der gegenwärtigen Umstände der Kirche. Dieses pastorale Anliegen stellt Interpretationen in Frage, die die Offenbarung als losgelöstes eschatologisches Rätsel betrachten und nicht als Gottes Wort an lebendige Gemeinschaften.

Offenbarung als Rhetorik

Neben ihrer apokalyptischen Symbolik und theologischen Tiefe ist die Offenbarung ein zutiefst rhetorischer Text. Johannes schreibt nicht nur, um zu informieren, sondern auch, um zu überzeugen, zu provozieren und eine gläubige Gemeinschaft unter Druck zu formen. Seine Sprache ist bewusst lebendig und dramatisch, er verwendet Ironie, Kontraste, Wiederholungen und eine gesteigerte Bildsprache, um die Vorstellungskraft anzuregen und emotionale Reaktionen zu wecken. Das Ziel ist nicht die distanzierte Analyse, sondern eine transformierende Begegnung. Johannes versucht, seine Leser aufzurütteln – sie aus ihrer Selbstzufriedenheit zu reißen, die verführerische Macht des Imperiums zu entlarven und sie zu ermutigen, dem Lamm in seinem kostspieligen Zeugnis zu folgen. Die Offenbarung als Rhetorik zu begreifen, fordert Interpreten dazu auf, nicht nur zu berücksichtigen, was der Text sagt, sondern auch, wie er sein Publikum bewegen will. Diese rhetorische Kraft hat kulturübergreifend Anklang gefunden, insbesondere in Gemeinschaften, die Verfolgung oder Ungerechtigkeit ausgesetzt waren, wo der dringende Ruf der Offenbarung zu Beharrlichkeit und Hoffnung nicht abstrakt, sondern existentiell real ist.

Autorschaft: Wer war "Johannes von Patmos"?

Der Text identifiziert seinen Autor schlicht als "Johannes" (Offb 1,1.4.9; 22,8) – einen Propheten und Visionär, der diese Offenbarung während seiner Verbannung auf der Insel Patmos "aufgrund des Wortes Gottes und des Zeugnisses Jesu" (Offb 1,9) empfängt. Doch wer genau ist dieser Johannes?

Einige frühkirchliche Traditionen (z. B. Justin der Märtyrer und Irenäus) bringen ihn mit dem Apostel Johannes, dem Lieblingsjünger Jesu, in Verbindung. Andere argumentieren mit Johannes dem Älteren, einem anderen Kirchenführer, auf den sich Papias bezog. Die moderne Forschung ist sich uneinig. Die meisten sind sich einig, dass der ausgeprägte griechische Stil, die theologischen Themen und das Genre der Offenbarung es unwahrscheinlich machen, dass sie vom selben Autor wie das Johannesevangelium verfasst wurde. Heute ist die Mehrheit der Ansicht, dass "Johannes von Patmos" ein christlicher Prophet war – wahrscheinlich jüdischer Herkunft, tief in der Heiligen Schrift verwurzelt und ein den sieben Kirchen bekannter Hirtenführer.

Wichtig ist, dass Johannes nicht als distanzierter Schreiber oder abstrakter Theologe schreibt. Er bezeichnet sich selbst als "Diener", "Bruder" und "Mitgenosse in der Bedrängnis und im Reich" (Offb 1,1.9). Seine Autorität leitet sich nicht aus seinem Status ab, sondern aus seiner Treue zu Christus im Leid. Diese Demut ist wesentlich für das Ethos der Offenbarung: Ihre Visionen sind keine elitären Offenbarungen für wenige, sondern gemeinschaftliche Botschaften, die in Solidarität, Leid und Hoffnung wurzeln.

Literarische Muster und Erzählfluss

Obwohl die Symbolik der Offenbarung auf den ersten Blick chaotisch erscheinen mag, ist sie komplex strukturiert. Sie folgt einem sorgfältig gestalteten Erzählbogen, reich an literarischer Symmetrie, Wiederholungen und theologischer Kohärenz.

Auf Makroebene kann das Buch wie folgt unterteilt werden:

Prolog und Vision von Christus (1,1–20)
Botschaften an die sieben Gemeinden (2,1–3,22)
Der himmlische Thronsaal & die Schriftrolle (4,1–5,14)
3 Gerichtszyklen (Siegel, Posaunen, Schalen 6–16)
Konflikt und Fall Babylons (17–18)
Sieg des Lammes und Jüngstes Gericht (19–20)
Neue Schöpfung und Epilog (Kap. 21–22)

Diese Zyklen sind nicht linear, sondern rekursiv – sie behandeln dieselben Themen aus verschiedenen Blickwinkeln und verstärken so ihre Wirkung. Jede Serie (Siegel, Posaunen, Schalen) baut auf der vorherigen auf und endet oft mit Einblicken in Anbetung, Gericht oder Erlösung. Zwischenspiele bieten seelsorgerische Pausen und erinnern die Leser an Gottes Schutz und Absicht.

Das Buch ist zudem voller Zahlen- und Struktursymbolik: Siebener, Zwölfer und deren Vielfache symbolisieren Vollständigkeit, Autorität und göttliche Ordnung. Die Wiederholung von Hymnen, der Rhythmus der Zwischenspiele und die sorgfältige Platzierung der Visionen zeigen, dass die Offenbarung nicht zufällig, sondern liturgisch und theologisch orchestriert ist.

Die Interpretation der Struktur der Offenbarung ist nicht nur eine akademische Angelegenheit – sie prägt unser Verständnis ihrer Botschaft. Wenn wir das Lamm im Zentrum der Erzählung thronen sehen, orientiert sich das gesamte Buch neu an der Theologie des erlösenden Leidens, der Anbetung und des Zeugnisses.

Fragen zur Reflexion oder Diskussion
- Wie beeinflusst die Erkenntnis, dass die Offenbarung eine Kombination aus

Apokalypse, Prophezeiung und Brief ist, Ihre Lesart des Textes?
- Welche Rolle spielt die symbolische Sprache der Offenbarung bei der Herausforderung oder Inspiration Ihrer theologischen Vorstellungskraft?

Kapitel 4
Christus und die Kirchen (Offenbarung 1–3)

Die Vision des verherrlichten Christus

Die Offenbarung beginnt nicht mit Tieren oder Schlachten, sondern mit einer Vision von Christus – einer majestätischen, auferstandenen Gestalt, die zwischen den Leuchtern wandelt (Offb 1,9-20). Johannes, der auf der Insel Patmos verbannt war, war am Tag des Herrn "im Geist", als er eine Stimme "wie eine Posaune" hörte und sich umdrehte, um jemanden zu sehen, der "wie ein Menschensohn" war (Offb 1,10.13). Was folgte, war eine der beeindruckendsten Darstellungen Jesu in der gesamten Heiligen Schrift.

Diese Vision vereint alttestamentarische Bilder: das weiße Haar des Hochbetagten (Dan 7,9), die flammenden Augen göttlichen Blicks (Dan 10,6), das Schwert aus dem Mund als Symbol der Macht des Wortes (Jes 11,4) und die sieben Sterne als Symbol der Engel oder Geister der Gemeinden. Dies ist kein sanftes Porträt des sanftmütigen und milden Jesus – es ist der kosmische Christus, erhaben und doch gegenwärtig, strahlend vor Herrlichkeit und furchteinflößend in seiner Heiligkeit.

Doch dieser transzendente Christus ist auch eng mit seinem Volk verbunden. Er wandelt zwischen den Leuchtern, die die Gemeinden repräsentieren. Er hält ihre "Engel" in seiner rechten Hand, beschützt und leitet sie. Diese Dualität – Transzendenz und Immanenz, Majestät und Präsenz – gibt den Ton für den Rest der Offenbarung an. Der Herr der Herrlichkeit ist zugleich der Hirte kämpfender Gemeinden. Er ist nicht distanziert, sondern liebevoll in das Leben der Gemeinde eingebunden.

Dieser Christus ist nicht nur das Lamm, das geschlachtet wurde (Offb 5,6), sondern auch der Hohepriester, der sein Volk prüft, reinigt und für es eintritt. Seine Gegenwart ist tröstend und überführend zugleich. Er ist derjenige, der die Kirchen so sieht, wie sie wirklich sind – und der sie dazu aufruft, zu dem zu werden, was sie sein sollen.

Sieben Kirchen, sieben Realitäten

Offenbarung 2–3 enthält persönliche, seelsorgerische Botschaften an sieben Gemeinden in Kleinasien: Ephesus, Smyrna, Pergamon, Thyatira, Sardes, Philadelphia und Laodizea. Diese Gemeinden standen vor realen Herausforderungen – äußerer Verfolgung, innerer Kompromissbereitschaft, wirtschaftlicher Not und geistiger

Apathie. Doch wie bereits erwähnt, signalisiert die Zahl Sieben als Symbol der Vollständigkeit, dass diese Botschaften an die gesamte Gemeinde an allen Orten und in allen Generationen gerichtet sind.

Jede Botschaft folgt einer ähnlichen Struktur: einer Einführung Christi (ausgehend von der Vision in Kapitel 1), Lobpreis oder Tadel, Ermahnung und Verheißung. Jede Botschaft ist jedoch auf den spezifischen Kontext der jeweiligen Kirche zugeschnitten:

- Ephesus wird für seine Orthodoxie gelobt, aber auch dafür getadelt, dass es seine "erste Liebe" verloren hat.
- Smyrna wird angesichts der Verfolgung ermutigt, selbst bis in den Tod treu zu bleiben.
- Pergamon wird für sein Standhaftigkeit gelobt, jedoch auch davor gewarnt, falsche Lehren zu tolerieren.
- Thyatira zeichnet sich durch Liebe und Dienstbereitschaft aus, ist jedoch gegenüber moralischen Kompromissen gefährlich tolerant.
- Sardes hat den Ruf, lebendig zu sein, ist jedoch in Wahrheit geistig tot.
- Philadelphia ist schwach, aber treu und ihm wird eine offene Tür geboten.

- Laodicea ist reich und selbstzufrieden, wird aber als lauwarm und blind bezeichnet.

Diese Porträts sind sowohl diagnostisch als auch prophetisch. Sie enthüllen das Innenleben jeder Gemeinde und offenbaren Stärken und Schwächen. Gleichzeitig rufen sie die Kirchen zu einer tieferen Treue zu Christus und seinem Reich auf. Jede Botschaft endet mit dem Refrain: "Wer Ohren hat, der höre, was der Geist den Gemeinden sagt" (Offb 2,7 usw.). Der Aufruf ist kollektiv und andauernd.

Weltweit können Kirchen heute ihre eigenen Geschichten in diesen sieben wiederfinden. Manche leiden wie Smyrna. Andere ähneln Laodizea, zufrieden mit materiellem Reichtum, aber geistlich verarmt. Andere, wie Philadelphia, fühlen sich vielleicht klein und ausgegrenzt, bleiben aber treu. Die Offenbarung betont, dass Christus jeden von ihnen genau kennt und mit Präzision und Mitgefühl in ihren Kontext eingreift.

Lob, Tadel und Aufforderung zur Überwindung

Die Botschaften an die Kirchen sind keine allgemeinen Bekräftigungen oder Verurteilungen – sie sind geprägt von theologischen Nuancen und seelsorgerlicher Fürsorge. Christus spricht Lob aus, wo Treue sichtbar wird, wie in Smyrna und Philadelphia. Er tadelt, wo Kompromisse oder

Selbstgefälligkeit Wurzeln geschlagen haben, wie in Sardes und Laodizea. Doch in jedem Fall liegt ein Aufruf zur Überwindung (*nikao*) vor – ein Aufruf zu spiritueller Widerstandsfähigkeit, Bündnistreue und missionarischem Durchhaltevermögen.

"Überwinden" bedeutet nicht, andere zu beherrschen, sondern treu zu bleiben, wie Christus es tat. Tatsächlich verbindet die Offenbarung das Überwinden mit dem Sieg des Lammes selbst (Offb 3,21; 5,5). Die Überwinder sind diejenigen, die sich weder der Angst, noch dem Götzendienst oder dem imperialen Druck beugen. Sie sind diejenigen, die wie Jesus in Hoffnung Leid ertragen und den Mächten widerstehen, die sie verführen oder vernichten wollen.

Die Verheißungen an die Überwinder sind atemberaubend: Zugang zum Baum des Lebens, Schutz vor dem zweiten Tod, ein weißer Stein mit einem neuen Namen, Macht über die Nationen und ein Platz in Gottes ewiger Stadt. Dies sind keine Fluchtwege aus der Geschichte, sondern eschatologische Bestätigungen für diejenigen, die treu in ihr leben. Sie zeichnen die Vision einer Jüngerschaft, die zwar kostspielig, aber dennoch gekrönt ist.

Den Geist hören: Kontextuelle und globale Anwendungen

In jeder Botschaft an die Gemeinden spricht der Geist. Dies unterstreicht den lebendigen und fortwährenden Charakter des Rufs der Offenbarung. Es sind keine statischen Briefe, sondern dynamische Worte, die sich an jede Generation von Gläubigen richten. Den Geist heute zu hören bedeutet, sowohl der Schrift als auch dem Kontext Beachtung zu schenken – dem Wort Christi in unserer Zeit zuzuhören.

Weltweit wirkt Offenbarung 2–3 auf vielfältige Weise. Wo die Kirche verfolgt wird – etwa in Teilen Nordafrikas, Ostasiens oder des Nahen Ostens –, findet die Verheißung an Smyrna großen Anklang. In Regionen, die von wirtschaftlichem Wohlstand und Konsumismus geprägt sind, wie in weiten Teilen des Westens, trifft die Kritik an Laodizea ins Mark. In indigenen und postkolonialen Kontexten spiegelt die Warnung vor kultureller Assimilation die Herausforderung wider, vor der Pergamon und Thyatira standen.

Interpreten aus dem globalen Süden haben hervorgehoben, wie die Offenbarung die Marginalisierten bekräftigt und Systeme von Reichtum und Herrschaft kritisiert. Feministische Leserinnen haben Christi Tadel an Isebel nicht als Verurteilung weiblicher Führung, sondern als

Kritik an götzendienerischen Lehren, die andere in die Irre führen, hervorgehoben – ein Aufruf zur Urteilskraft ohne Sündenbocksuche. Charismatische und pfingstlerische Traditionen haben die Rolle des Geistes und den prophetischen Ruf zur Treue in Prüfungen betont.

Das zentrale Thema ist klar: Christus kennt die Kirchen. Er wandelt unter ihnen, sieht sie, spricht zu ihnen. Und er fordert sie auf, sich nicht zu fürchten, sondern zuzuhören – Buße zu tun, durchzuhalten und ihm zu folgen.

Fragen zur Reflexion oder Diskussion
- Welche Aspekte der Identität Christi in der Offenbarung stellen Ihr Verständnis davon, wer Jesus ist, in Frage oder vertiefen es?
- Welche prophetische Wirkung haben die Botschaften an die sieben Kirchen auf die Kirchen der heutigen Kulturen?
- Welche der sieben Kirchen ähnelt Ihrer derzeitigen Glaubensgemeinschaft am meisten und warum?

Kapitel 5
Anbetung und das Lamm
(Offenbarung 4–5)

Die Vision des Thronsaals

Nach den persönlichen Botschaften an die Gemeinden in Offenbarung 2-3 wird Johannes aufgefordert, "hier heraufzukommen" (Offb 4,1), was einen dramatischen Perspektivwechsel signalisiert. Was sich in den Kapiteln 4 und 5 entfaltet, ist nicht nur ein Szenenwechsel – es ist eine theologische Neuorientierung. Johannes wird in den Thronsaal des Himmels geführt, wo er die Anbetung dessen, der auf dem Thron sitzt, erblickt. Diese Vision ist das geistliche und liturgische Zentrum der Offenbarung. Alles Folgende wird aus dieser zentralen Offenbarung von Gottes Souveränität und der Würdigkeit des Lammes hervorgehen und zu ihr zurückkehren.

Johannes' Beschreibung ist majestätisch und geheimnisvoll zugleich. Der Thron ist von regenbogenartigem Licht umgeben, das an den Bund mit Noah erinnert (Gen 9). Umgeben sind 24 Älteste, die vermutlich die zwölf Stämme Israels und die zwölf Apostel – Gottes Volk in seiner Gesamtheit – repräsentieren. Vier Lebewesen, die den Visionen Hesekiels und Jesajas entnommen sind, symbolisieren die gesamte Schöpfung und verkünden unaufhörlich: "Heilig, heilig, heilig ist der Herr, Gott, der Allmächtige!" (Offb 4,8).

Diese Szene himmlischer Anbetung ist nicht losgelöst von der irdischen Realität. Sie ist eine theologische Gegenerzählung zum Kaiserthron in Rom. Während das Reich den Kaiser als "Herrn und Gott" verkündet, enthüllt die Offenbarung die wahre Quelle der Autorität. Die Anbetung in der Offenbarung ist zutiefst politisch – sie lenkt die Loyalität weg von den Mächten der Welt und hin zum heiligen Schöpfer.

Die wiederholte Betonung Gottes als "der war, der ist und der kommt" (Offb 4,8) erinnert uns daran, dass die göttliche Souveränität nicht von den gegenwärtigen Umständen abhängt. Dies ist ein Wort der Zuversicht für marginalisierte Gläubige damals wie heute: Der Thron ist besetzt, und die Geschichte gerät nicht außer Kontrolle.

Würdig ist das Lamm: Sieg durch Opfer

Kapitel 5 vertieft und personalisiert die Vision. Eine versiegelte Schriftrolle – wahrscheinlich ein Symbol für Gottes Erlösungsplan – wird vorgestellt, und die Frage ertönt: "Wer ist würdig, die Schriftrolle zu öffnen?" (Offb 5,2). Niemand im Himmel oder auf Erden wird für würdig befunden – bis das Lamm erscheint.

Das Lamm wird mit paradoxen Bildern vorgestellt: Es ist der "Löwe aus dem Stamm Juda" (5,5) und ruft königliche Macht hervor. Doch als Johannes sich umdreht, sieht er keinen Löwen, sondern ein Lamm, das dasteht, als wäre es geschlachtet worden (5,6). Diese visuelle Umkehrung ist der theologische Kern der Offenbarung. Macht wird durch Verletzlichkeit neu definiert. Sieg wird nicht durch Herrschaft, sondern durch selbstlose Liebe errungen.

Dieser Moment führt auch ein Muster ein, das sich durch die gesamte Offenbarung zieht: Was Johannes hört und was er sieht, steht in einem Spannungsverhältnis, und ihr Gegensatz offenbart eine tiefere theologische Wahrheit. Er hört von einem Löwen, sieht aber ein Lamm; er hört von 144.000, sieht aber eine große Schar (Offb 7,4.9). Diese Kontraste laden den Leser ein, über oberflächliche Erwartungen hinauszugehen und durch die Linse von Gottes unerwarteten Wegen zu blicken.

Das Lamm trägt die Zeichen des Opfers, besitzt aber auch "sieben Hörner und sieben Augen" – Symbole vollkommener Macht und göttlicher Einsicht. Es ist nicht schwach, sondern seine Stärke ist kreuzförmig. Darin liegt das

Paradox der christlichen Theologie: Das geschlachtete Lamm ist der souveräne Herr.

Sobald das Lamm die Schriftrolle nimmt, bricht im Himmel Anbetung aus. Ein neues Lied wird gesungen:

> Du bist würdig ... denn du wurdest geschlachtet und hast mit deinem Blut für Gott Heilige aus jedem Stamm und jeder Sprache und jedem Volk und jeder Nation freigekauft (Offb 5,9).

Hier ist Erlösung nicht abstrakt, sondern global und umfassend. Kirche definiert sich nicht über Ethnie oder Geografie, sondern über die ehrfürchtige Treue zum Lamm. Dies hat tiefgreifende Auswirkungen auf Ekklesiologie, Mission und interkulturellen Dialog.

Gottesdienst als politischer Widerstand

Anbetung ist in der Offenbarung nie neutral. In der römischen Welt bedeutete die Anbetung Christi die Weigerung, den Kaiser anzubeten, und dies hatte reale Konsequenzen: wirtschaftliche Ausgrenzung, soziale Schande und sogar den Tod. Die Vision des Thronsaals in der Offenbarung bietet eine subversive Liturgie. Sie betont, dass die höchste Loyalität Gott und dem Lamm gehört, nicht irgendeinem menschlichen Reich oder Götzen.

Diese Art der Anbetung formt eine andere Art von Gemeinschaft. Sie prägt Menschen, die der

Verführung Babylons widerstehen, die für das Evangelium Leid ertragen und die Werte des kommenden Reiches Gottes verkörpern. Anbetung wird zu einer Form des Widerstands, zu einer Generalprobe für die Herrschaft Gottes und zum Zeugnis einer anderen Machtordnung.

Im Laufe der Geschichte haben unterdrückte Gemeinschaften aus dieser Vision Kraft geschöpft. Versklavte Afrikaner in Amerika, die Spirituals über die bevorstehende Erlösung sangen; indigene Christen, die ihre Kultur bewahrten und gleichzeitig ihren Glauben an Christus bekundeten; Gläubige in autoritären Regimen, die sich im Geheimen versammelten – sie alle haben in Offenbarung 4 und 5 eine Vision göttlicher Gerechtigkeit und Würde gefunden, die menschliche Tyrannei übersteigt.

Der Thron in Form des Lammes stellt auch eine Herausforderung für triumphalistisches oder nationalistisches Christentum dar. Das Lamm siegt nicht wie Cäsar. Es herrscht durch Liebe, nicht durch Zwang. Wahre Anbetung lädt zur Wandlung ein – nicht nur der Gefühle, sondern auch der Treue, der Ethik und der Vorstellungskraft.

Liturgie und Mission in der Offenbarung

Offenbarung 4–5 ist voller liturgischer Sprache: Hymnen, Antiphonen, Doxologien und symbolische Handlungen. Diese Szenen haben das Gottesdienstleben der weltweiten Kirche geprägt – von orthodoxen Liturgien bis zu pfingstlichen Lobpreisversammlungen. Doch der Gottesdienst der Offenbarung ist nie eskapistisch. Er schickt den Gläubigen mit neuen Augen und einer neuen Berufung zurück in die Welt.

Anbetung in der Offenbarung ist missionarisch. Das Lamm "hat sie zu Königen und Priestern gemacht, die unserem Gott dienen, und sie werden auf der Erde herrschen" (Offb 5,10). Das Volk Gottes ist nicht passives Publikum, sondern aktiver Teilnehmer an Gottes Erlösungsplan. Anbetung formt ein priesterliches Volk, das befähigt ist, Zeugnis abzulegen, Gerechtigkeit zu üben und die frohe Botschaft zu verkünden.

Globale theologische Stimmen haben diese Dynamik betont. Afrikanische Theologen beispielsweise betonen, wie Gottesdienst Klage, Protest und die Sehnsucht nach Befreiung einschließt. Asiatische Theologen sehen Gottesdienst als Ort der Heilung und kosmischen Harmonie. Lateinamerikanische Theologen verbinden Gottesdienst mit wirtschaftlicher Gerechtigkeit und politischer Verantwortung.

Diese Perspektiven vertiefen unser Verständnis der Vision der Offenbarung – nicht als privates spirituelles Hochgefühl, sondern als Herzschlag öffentlicher Jüngerschaft.

Fragen zur Reflexion oder Diskussion
- Wie könnte das Bild des geschlachteten Lammes in der Offenbarung, das nicht durch Gewalt oder Gewalttätigkeit, sondern durch selbstlose Liebe siegt, gängige Denk- und Lebensweisen in Ihrem Umfeld in Frage stellen?
- Inwiefern kann die Anbetung heute als eine Form des Widerstands gegen Ungerechtigkeit, Götzendienst oder kulturelle Konformität fungieren, wie es in der Offenbarung der Fall ist?
- Wie könnten die Gottesdienstpraktiken Ihrer eigenen Kirche die globale, integrative Vision der erlösten Gemeinschaft in Offenbarung 5,9-10 besser widerspiegeln?

Kapitel 6
Gericht und Gnade – Die Siegel, Posaunen und Schalen

Die sieben Siegel: Leiden und Souveränität

Die dramatische Vision des Gerichts in der Offenbarung beginnt, als das Lamm das erste der sieben Siegel der in Kapitel 5 vorgestellten Schriftrolle öffnet. Jedes Siegel enthüllt eine neue Dimension menschlicher und kosmischer Krise. Die ersten vier Siegel entfesseln die berüchtigten vier apokalyptischen Reiter (Offb 6,1–8), die für Eroberung, Krieg, wirtschaftliche Ungerechtigkeit und Tod stehen. Diese Bilder sind keine Zukunftsprognosen, sondern gegenwärtige Realitäten – gebrochen durch theologische Vorstellungskraft. Sie spiegeln wider, was passiert, wenn menschliche Macht ungehindert und götzendienerische Systeme unangefochten bleiben.

Wichtig ist, dass es das Lamm ist, das die Siegel öffnet. Dieses Detail unterstreicht eine entscheidende Wahrheit: Das Leid der Welt liegt nicht außerhalb Gottes Wissen oder Erlösungsplan. Selbst inmitten des Chaos bleibt die Schriftrolle in den Händen des Lammes. Das bedeutet nicht, dass

Gott Leid verursacht, sondern dass Leid weder zufällig noch souverän ist.

Das fünfte Siegel lenkt den Blick auf "die Seelen derer, die um des Wortes Gottes willen hingerichtet wurden" (Offb 6,9). Sie rufen: "Wie lange noch?" – eine Klage, die in der gesamten Heiligen Schrift widerhallt (vgl. Ps 13,1; Hab 1,2). Die Präsenz der Klage in der Offenbarung erinnert uns daran, dass ehrliches Leiden zum Glauben gehört. Gott lässt den Schrei nach Gerechtigkeit nicht verstummen; vielmehr wird er gehört, bestätigt und rechtzeitig beantwortet.

Das sechste Siegel löst kosmische Umwälzungen aus – Erdbeben, verdunkelte Himmel, eine Erschütterung der Schöpfung. Doch bevor das siebte Siegel geöffnet wird, tritt eine dramatische Pause ein.

Die Zwischenspiele: Göttliche Geduld und die versiegelten Heiligen

Zwischen dem sechsten und siebten Siegel gibt es ein Zwischenspiel (Offb 7), das eine Vision von göttlicher Barmherzigkeit und Schutz bietet. Johannes hört die Zahl der Versiegelten – 144.000 aus den Stämmen Israels –, doch dann sieht er eine "große Schar, die niemand zählen konnte, aus allen Nationen, Stämmen, Völkern und Sprachen" (7,9). Dies ist ein weiteres Beispiel für die Hören-Sehen-Dynamik der Offenbarung (vgl. 5,5-6): Was

Johannes hört (eine begrenzte, symbolische Zahl), steht im Gegensatz zu dem, was er sieht (eine umfassende, umfassende Vision).

Diese globale Menschenmenge steht nicht in Angst, sondern in Anbetung. Sie tragen weiße Gewänder und halten Palmzweige hoch – Zeichen des Sieges und der Freude. Sie haben die "große Trübsal" (7,14) überstanden, nicht indem sie Leid vermieden, sondern indem sie ihm treu blieben. Sie sind keine Zuschauer, sondern Teilnehmer an Gottes Erlösungsdrama.

Diese Zwischenspiele sind entscheidend. Sie erinnern die Leser daran, dass das Gericht niemals Gottes letztes Wort ist. Barmherzigkeit, Mission und die Versiegelung des Volkes Gottes stehen im Mittelpunkt des apokalyptischen Dramas. Selbst inmitten der Verwüstung beschützt, erinnert und erlöst Gott.

Die sieben Posaunen: Weckrufe an die Welt

Als das siebte Siegel geöffnet wird, herrscht eine halbe Stunde lang Stille im Himmel (8,1) – eine heilige Pause vor der nächsten Sequenz. Dann erklingen sieben Posaunen, die Plagen und Katastrophen ankündigen, die an die Exodus-Geschichte erinnern: Hagel und Feuer, vergiftetes Wasser, Finsternis und Heuschrecken. Diese Gerichte intensivieren die Erzählung und unterstreichen die Kontinuität der Offenbarung mit der biblischen Prophetie.

Posaunen sind in der Heiligen Schrift Warnsignale und rufen zur Aufmerksamkeit auf (Joel 2,1; Zeph 1,14-16). In der Offenbarung dienen sie als Weckrufe für eine Welt, die Ungerechtigkeit und Götzendienst versäumt. Es sind keine willkürlichen Zerstörungsakte, sondern göttliche Aufforderungen zur Reue. Das wiederkehrende Muster – teilweise Verwüstung (oft ein Drittel der Schöpfung betroffen) – signalisiert, dass es sich um kontrollierte Urteile handelt, die eher moralische Reflexion als Vernichtung provozieren sollen.

Die Offenbarung ist jedoch schmerzlich ehrlich: "Die übrigen Menschen ... taten nicht Buße" (Offb 9,20-21). Dieser tragische Refrain offenbart, dass Gericht allein die Herzen nicht verändert. Doch auch hier ist es nicht Gottes Absicht, die Menschen zu verlassen. Das nächste Zwischenspiel (Offb 10-11) führt in das prophetische Zeugnis des Volkes Gottes ein.

Die Rolle der Zeugen und die siebte Posaune

Bevor die siebte Posaune ertönt, erhält Johannes eine weitere Vision, die den Fokus von kosmischen Ereignissen auf die irdische Berufung verlagert. Ein mächtiger Engel kommt mit einer kleinen Schriftrolle herab (Offb 10), die Johannes essen muss – ein Symbol dafür, Gottes Wort zu verinnerlichen, um es verkünden zu können. Dann werden zwei prophetische Zeugen vorgestellt (Offb 11), die prophezeien, leiden und schließlich von Gott gerechtfertigt werden.

Diese Zeugen sind in Sackleinen gekleidet und erinnern damit an die biblischen Propheten der Antike. Ihr Wirken dauert 1260 Tage – eine symbolische Zeit, die oft mit Leid und Trübsal verbunden ist (vgl. Dan 7,25; Offb 12,6). Sie rufen die Menschen zur Buße auf, vollbringen Zeichen und verkörpern die Wahrheit. Schließlich werden sie von "dem Tier, das aus dem Abgrund steigt" (11,7) getötet und ihre Leichen zum Gespött auf der Straße zurückgelassen. Doch nach dreieinhalb Tagen kehrt der Lebenshauch in sie ein, und sie werden vor den Augen ihrer Feinde auferweckt und in den Himmel aufgenommen (11,11–12).

Die beiden Zeugen wurden unterschiedlich interpretiert – als Individuen, als symbolische Repräsentationen der Kirche oder des Gesetzes und der Propheten. Doch in der Erzähllogik der Offenbarung repräsentieren sie am deutlichsten die treue, prophetische Kirche in ihrer Mission: diejenigen, die in Wort und Tat für das Lamm Zeugnis ablegen, oft unter großen Opfern.

Ihre Geschichte ist nicht tragisch, sondern triumphal. In ihrem Tod und ihrer Auferstehung spiegeln sie den Weg Christi wider. Ihr Zeugnis wird nicht durch Macht, sondern durch Treue bestätigt. Die Offenbarung definiert den Sieg neu durch das Muster von Kreuz und Auferstehung – ein Vorbild des Zeugnisses, das prophetisch bis in alle Zeitalter wirkt.

Diese Vision verankert die Gerichtstheologie der Offenbarung in einer Theologie des Zeugnisses. Die Kirche ist kein passiver Beobachter, sondern prophetischer Teilnehmer an Gottes Erlösungswerk – ein Thema, das im folgenden Kapitel ausführlicher behandelt wird.

Wenn schließlich die siebte Posaune ertönt, verkündet sie nicht weitere Zerstörung, sondern ein Fest:

> Das Königreich der Welt ist das Königreich unseres Herrn und seines Messias geworden, und er wird für immer und ewig herrschen (Offb 11,15).

Hier weicht das Gericht der Vollendung. Was teilweise war, wird zur Vollendung. Der Himmel freut sich nicht über den Untergang, sondern über die Erlösung.

Die sieben Schalen: Letzter Zorn und Letzte Gnade

Das letzte Gericht erfolgt in Form von sieben Schalen (Offb 15–16). Diese werden in schneller

Folge ausgegossen, erinnern an die Plagen Ägyptens und lenken die Aufmerksamkeit auf die Verstocktheit menschlicher Herzen. Die Sprache ist eindringlich: schmerzhafte Wunden, Blut in Flüssen, sengende Hitze, Dunkelheit und Erdbeben. Anders als die früheren Posaunen wirken sich diese Schalen auf die gesamte Schöpfung aus. Doch auch hier geht es nicht um Rache, sondern um Wahrheitsfindung. Das Böse wird entlarvt und seine Folgen offengelegt.

Entscheidend ist, dass diejenigen, die "das Tier besiegt" haben, vor dem Ausgießen der Schalen am Meer stehen und das Lied von Mose und dem Lamm singen (Offb 15,2-3). Dies ist ein liturgisches Zwischenspiel, das Israels Lied nach der Befreiung am Roten Meer widerspiegelt. Es erinnert uns daran, dass Gottes Gerechtigkeit nicht willkürlich ist – sie wurzelt in der Befreiungsgeschichte und zielt auf Heilung.

Selbst die härtesten Urteile der Offenbarung deuten auf Wiederherstellung, nicht auf Vernichtung hin. Gottes Zorn ist Gottes "Ja" zu den Opfern von Gewalt, Ausbeutung und Betrug. Er ist die Antwort heiliger Liebe auf eine Welt, die sich weigert, Buße zu tun. Doch das Endziel ist nicht Zerstörung – es ist eine neue Schöpfung, wie die folgenden Kapitel zeigen werden.

Fragen zur Reflexion oder Diskussion
- Wie kann das Zusammenspiel von Gericht und Barmherzigkeit in der Offenbarung eine hoffnungsvollere und verantwortungsvollere Theologie der göttlichen Gerechtigkeit hervorbringen?
- Inwiefern könnte Ihr eigener kultureller Kontext Ihre Wahrnehmung der Themen Zorn und Erlösung beeinflussen?
- Was lehrt uns die Offenbarung über die Natur des christlichen Zeugnisses in Zeiten der Opposition oder des politischen Drucks?
- Wie kann die Kirche in der westlichen Welt angesichts des Aufrufs der Offenbarung, treu Zeugnis abzulegen, ihre prophetische Stimme wiedererlangen?

Kapitel 7
Die Kirche im Konflikt – Der Drache und die Bestien

Der kosmische Kampf und die Frau/Drache-Erzählung

In Offenbarung 12 richtet sich der apokalyptische Fokus von himmlischer Anbetung und prophetischem Zeugnis auf einen kosmischen Konflikt zwischen den Mächten des Guten und des Bösen. Im Zentrum dieser Vision steht eine Frau, mit der Sonne bekleidet, die ein Kind zur Welt bringt, das dazu bestimmt ist, "über alle Völker zu herrschen" (12,5). Ihr gegenüber steht ein großer roter Drache, der "die alte Schlange, die Teufel und Satan genannt wird" (12,9), darstellt. Diese dramatische Szene vermischt mythische und theologische Motive und erinnert an Genesis 3, messianische Hoffnung und altorientalische Kampfbilder.

Die Frau symbolisiert wahrscheinlich das gläubige Volk Gottes – Israel und die Kirche –, durch das der Messias in die Welt kommt. Der Drache versucht, das Kind zu verschlingen, doch es wird zu Gott entrückt, und die Frau flicht in die Wüste, wo sie von Gott genährt wird (12,6). Diese

Wüste bedeutet nicht Verlassenheit, sondern Bewahrung – ein Ort, an dem die Kirche, getragen von der Gnade, fortbesteht.

Die Himmelfahrt des Kindes erinnert an die Auferstehung und Himmelfahrt Jesu und markiert den Sieg über den Drachen im Himmel. Doch dieser Sieg führt zu verschärften Konflikten auf der Erde:

> Da wurde der Drache zornig ... und zog los, um Krieg zu führen mit den anderen ihrer Kinder, die die Gebote Gottes halten und das Zeugnis Jesu haben (12,17).

Diese Darstellung des geistlichen Kampfes ist für die Offenbarung von zentraler Bedeutung. Die Verfolgung der Kirche ist nicht nur gesellschaftspolitisch – sie hat kosmische Ausmaße. Der Drache führt Krieg nicht nur gegen Einzelne, sondern gegen die gläubige Gemeinschaft. Doch die Kirche ist nicht hilflos. Gläubige überwinden "durch das Blut des Lammes und durch das Wort ihres Zeugnisses" (12,11). Der Sieg des Lammes verändert den Kampf, und die Kirche leistet nicht mit Gewalt, sondern mit Treue Widerstand.

Die Identität der Tiere und ihre Macht

In Offenbarung 13 ruft der Drache zwei Tiere herbei – eines aus dem Meer und eines aus der Erde –, um sein Werk zu vollbringen. Diese Tiere sind keine bloßen Fantasiemonster; sie symbolisieren politische und religiöse Machtsysteme, die sich Gottes Herrschaft widersetzen.

Das erste Tier, das aus dem Meer steigt, ähnelt den zusammengesetzten Tieren aus Daniel 7. Es erhält Macht vom Drachen, verlangt Anbetung und lästert Gott. Es repräsentiert imperiale politische Macht, wahrscheinlich ein verschleierter Hinweis auf das Römische Reich, aber auch ein Paradigma für alle Reiche, die sich selbst vergöttlichen. Der "verwundete Kopf" des Tieres, der sich scheinbar erholte (13,3), könnte auf den Mythos von Nero redivivus anspielen und auf ein Regime hinweisen, das Unbesiegbarkeit oder gar eine auferstehungsähnliche Autorität beansprucht.

Das zweite Tier, das aus der Erde aufsteigt, erscheint sanft – wie ein Lamm –, spricht aber wie ein Drache. Es vollbringt Zeichen, erzwingt die Anbetung des ersten Tieres und kontrolliert das Wirtschaftsleben, indem es ein Zeichen an Hand oder Stirn verlangt. Dieses Zeichen, das mit der berüchtigten Zahl 666 in Verbindung gebracht wird, wird oft missverstanden. Statt eines Mikrochips oder Strichcodes symbolisiert es wahrscheinlich die obligatorische Treue zu einem Imperium – eine Fälschung der Versiegelung der Diener Gottes in Kapitel 7. Dieses Tier steht für ideologische oder religiöse Systeme, die unterdrückende politische Macht legitimieren und durchsetzen.

Zusammen bilden die beiden Tiere mit dem Drachen eine gefälschte Dreifaltigkeit – eine satanische Parodie von Gott, Christus und dem Heiligen Geist. Sie imitieren göttliche Macht, verlangen Anbetung und versklaven durch Täuschung. Die Offenbarung entlarvt diese Systeme und ruft die Kirche zur Erkenntnis auf.

Täuschung, Götzendienst und wirtschaftliche Kontrolle

Offenbarung 13 betont, dass die Tiere nicht nur mit roher Gewalt herrschen – sie agieren auch durch Täuschung, Spektakel und Kontrolle. Das zweite Tier vollbringt Zeichen, um die Menschen in die Irre zu führen. Das erste Tier besticht durch seine Widerstandskraft und Macht. Gemeinsam erschaffen sie eine Welt, in der Kompromisse rational und Widerstand sinnlos erscheinen.

Wirtschaftliche Kontrolle spielt eine Schlüsselrolle. Das Malzeichen des Tieres bestimmt, wer "kaufen oder verkaufen" darf (13,17). Treue ist daher nicht nur eine spirituelle, sondern auch eine kostspielige Entscheidung. Im antiken Kleinasien riskierten Christen, die sich weigerten, am Kaiserkult oder den Ritualen der Handelsgilden teilzunehmen, soziale Isolation und wirtschaftliche Not. Auch heute noch sind Christen vielen ähnlichen Belastungen ausgesetzt – durch korrupte Regierungen, räuberische Wirtschaftssysteme oder staatlich ausgerichtete Religionssysteme.

Die Offenbarung offenbart, dass die größte Bedrohung für die Kirche nicht immer Verfolgung ist – es ist Verführung. Die Bestien versprechen Frieden, Sicherheit und Wohlstand, verlangen aber Treue zu Lügen. Der Aufruf der Offenbarung besteht darin, Götzendienst in all seinen Formen zu widerstehen, selbst wenn er sich als Religion oder Patriotismus tarnt.

Die Ausdauer und Weisheit der Heiligen

Angesichts dieses überwältigenden Übels bietet die Offenbarung weder Flucht noch Verzweiflung an. Stattdessen fordert sie Ausdauer und Weisheit:

> Dies erfordert von den Heiligen Geduld und Treue (13,10).
> Dies erfordert Weisheit (13,18).

Ausdauer (*hypomonē*) ist kein passives Warten, sondern aktiver Widerstand, getragen von Hoffnung. Weisheit (*sophia*) ist kein esoterisches Wissen, sondern spirituelle Urteilskraft, die auf Gottesfurcht gründet. Die Gläubigen sind aufgerufen, die Bestien als das zu erkennen, was sie sind, und ihr Zeichen abzulehnen, selbst wenn der Preis dafür hoch ist.

Dies ist die Berufung der Kirche in jeder Generation. Von Untergrund-Hauskirchen in China über indigene Gemeinden, die sich gegen die Auslöschung ihrer Kultur wehren, bis hin zu städtischen Christen, die sich im Westen mit politischer Vergötterung auseinandersetzen, ruft die Offenbarung die Gemeinden dazu auf, zu erkennen, wann die Mächte dieser Welt Gott spielen – und standhaft zu bleiben.

Fragen zur Reflexion oder Diskussion
- Inwiefern verändert Offenbarung 12 und 13 Ihr Verständnis von geistlicher Kriegsführung sowohl als kosmischer als auch politischer Art? Welchen Einfluss hat dies auf die Mission der Kirche heute?
- Wie versuchen die "Bestien" in Ihrem eigenen kulturellen oder nationalen Kontext, Loyalität zu gewinnen – sei es durch Macht, Spektakel, Ideologie oder wirtschaftliche Kontrolle?
- Was könnte es für die Kirche in Ihrem kulturellen Kontext bedeuten, dem Tier zu widerstehen?

Kapitel 8
Das multinationale Volk Gottes

Die 144.000 und die große Schar (Offenbarung 7)

In Offenbarung 7, nach der Öffnung des sechsten Siegels und vor dem siebten, erhält Johannes eine Vision von Gottes Volk, die in zwei auffallend unterschiedlichen, aber theologisch verbundenen Bildern dargestellt wird. Zuerst hört er die Zahl der Versiegelten: 144.000 aus den zwölf Stämmen Israels. Dann wendet er sich um und sieht eine große Schar, die niemand zählen konnte, aus allen Nationen, Stämmen, Völkern und Sprachen (7,4.9).

Dieses Hören-Sehen-Muster (eingeführt in Offenbarung 5,5–6) weist auf ein apokalyptisches Paradoxon hin: Was Johannes hört, ist nicht das, was er sieht, doch beides ist zum Verständnis notwendig. Die 144.000 sind eine symbolische Zahl, die die Fülle und Vollständigkeit des Bundesvolkes Gottes repräsentiert. Sie greift die Symbolik des alten Israel auf und bezeichnet ein Volk, das zum Schutz abgesondert und versiegelt wurde. Doch die große Schar offenbart die Größe dieses Volkes – nicht ethnisch homogen, sondern herrlich vielfältig, versammelt aus allen Teilen der Erde.

Theologisch bekräftigen diese Visionen, dass die Kirche sowohl in der Geschichte Israels verwurzelt ist als auch durch die Mission des Lammes radikal erweitert wurde. Das Volk Gottes wird nicht durch Ethnie, Nationalität oder Geografie definiert, sondern durch seine Treue zu Jesus Christus. Es ist eine Gemeinschaft, die von Gnade geprägt, von Ausdauer geprägt und im Gottesdienst vereint ist.

Treue und Martyrium

Diese große Schar ist nicht nur eine anbetende Versammlung; sie ist auch ein gläubiges und leidendes Volk. Sie sind "aus der großen Bedrängnis gekommen" (Offb 7,14). Ihre weißen Gewänder sind kein Zeichen von Privilegien, sondern Zeichen der Standhaftigkeit. Sie haben ihre Gewänder "im Blut des Lammes" gewaschen – ein paradoxes Bild, das den Preis der Jüngerschaft und die Quelle der Reinigung offenbart.

In der Offenbarung ist das Martyrium keine Ausnahme, sondern eine normative Erwartung für diejenigen, die dem Lamm folgen. Diese Heiligen sind keine außergewöhnlichen Helden, sondern gewöhnliche Gläubige, die trotz aller Prüfungen treu geblieben sind. Ihr Sieg liegt nicht darin, dem Leiden zu entgehen, sondern darin, durch das Leid Zeugnis abzulegen. Sie sind die "Diener unseres

Gottes" (7,3), die das Zeugnis Jesu überallhin tragen.

Ihre Haltung – stehend, nicht gebeugt – signalisiert Rechtfertigung. Ihre Palmzweige erinnern an festliche Prozessionen und freudige Erlösung. Ihr Lied ist nicht selbstgefällig, sondern dreht sich um "das Heil, das von unserem Gott kommt ... und von dem Lamm" (7,10). Das ist die Identität der Kirche: erlöst, anbetend und Zeugnis gebend angesichts von Widrigkeiten.

Die Erlösten mit dem Lamm auf dem Berg Zion (Offenbarung 14,1-5)

Eine zweite Vision der 144.000 erscheint in Offenbarung 14. Dieses Mal werden sie nicht leidend, sondern triumphierend dargestellt: Sie stehen mit dem Lamm auf dem Berg Zion. Dieses Bild kehrt die Szenen von Unterdrückung und Götzendienst im vorherigen Kapitel (Offb 13) um, wo das Tier angebetet und sein Name auf die Anhänger geschrieben wird. Hier werden die Anhänger des Lammes mit seinem Namen und dem Namen seines Vaters auf der Stirn gekennzeichnet (14,1).

Die 144.000 singen ein neues Lied – ein Lied, das nur sie lernen können. Es deutet auf eine durch gemeinsames Leiden und Treue geschmiedete Verbundenheit mit dem Lamm hin. Sie werden als "untadelig" beschrieben, als diejenigen, die "dem

Lamm folgen, wohin es auch geht" (14,4–5). Diese Sprache steht für Jüngerschaft, Keuschheit und Bundestreue.

Wichtig ist, dass diese Gruppe nicht durch Triumphalismus, sondern durch ihre Weigerung, mit den götzendienerischen Systemen der Welt Kompromisse einzugehen, definiert wird. Im Gegensatz zu den Verführungen Babylons bilden sie eine Gegengemeinschaft der Integrität, Reinheit und Anbetung. Sie stehen auf dem Berg Zion, nicht um der Welt zu entfliehen, sondern als Erstlinge einer erlösten Schöpfung.

Dieses Bild der Kirche vervollständigt die Identität, die in Offenbarung 7 beginnt: Das Volk Gottes ist nicht nur versiegelt und gerettet – es singt, steht und folgt ihm auch. Ihr Leben ist geprägt von moralischer Unterscheidung, nicht von moralischer Überlegenheit; von demütiger Hingabe, nicht von Dominanz.

Das gläserne Meer und das Lied der Erlösten (Offenbarung 15,2–4)

Eine dritte Vision der Gläubigen erscheint in Offenbarung 15, kurz vor dem letzten Schalengericht. Hier stehen diejenigen, die "das Tier und sein Bild und die Zahl seines Namens besiegt haben", an einem gläsernen Meer, vermischt mit Feuer – einem Ort der Transzendenz und der Prüfung (15,2). Sie halten Gottesharfen und singen "das Lied Moses ... und das Lied des Lammes" (15,3).

Dieser liturgische Moment verbindet Exodus und Erlösung – Mose und das Lamm. So wie Israel vom Pharao befreit wurde, feiern die Erlösten nun die Befreiung von Babylon und dem Tier. Ihr Lied lobt Gottes Gerechtigkeit und Wahrheit und erinnert an die Psalmen und Exodus 15:

> Groß und erstaunlich sind deine Taten ...
> Gerecht und wahrhaftig sind deine Wege,
> König der Nationen" (15,3).

Diese Vision betont, dass die Identität der Kirche durch Anbetung und Erinnerung geformt wird. Die Gläubigen sind diejenigen, die nicht nur dem Tier widerstehen, sondern sich auch an Gottes rettende Taten erinnern. Sie singen keine gewöhnlichen Hymnen – sie singen Lieder, die in Geschichte und Hoffnung verwurzelt und von Gottes Gerechtigkeit und der Barmherzigkeit des Lammes geprägt sind. Ihre Anbetung wird zu einer prophetischen Verkündigung von Gottes kommender Herrschaft über alle Völker.

Identität und globale Mission der Kirche

Diese Bilder – von der Menge über die Versiegelten bis hin zu den Sängern auf dem Berg Zion – zeichnen zusammen ein tiefgründiges Bild der Kirche: vielfältig, treu, global und missionarisch. Die Erlösten werden "aus allen Nationen, Stämmen, Völkern und Sprachen" gesammelt – ein Satz, der sich durch das ganze Buch zieht (5,9; 7,9; 14,6). Dieser Refrain unterstreicht die Inklusivität des Evangeliums und die Weite von Gottes Erlösungsplan.

Die Identität der Kirche liegt nicht in der Uniformität, sondern in der vielfältigen Einheit um das Lamm. Dies stellt ethnozentrische Theologie und kulturelle Überlegenheit in Frage. Das Volk Gottes gehört keiner Nation an – es ist Bürger eines Königreichs, das nicht von Menschenhand errichtet wurde.

Diese Vision hat auch tiefgreifende Auswirkungen auf die Mission. Die Kirche ist keine Institution, die es zu bewahren gilt, sondern ein Volk, das es zu mobilisieren gilt. Sie existiert nicht, um Macht zu erhalten, sondern um den Weg des Lammes zu verkörpern: Dienst, Zeugnis und Willkommensein. Mission ist nicht Eroberung – sie ist Teilhabe an der Heilung der Völker, dem Ziel, dem die Offenbarung entgegengeht (22,2).

Gottesdienstgemeinschaften im Kontext

Die Bilder der Offenbarung von der Kirche sind sowohl eschatologisch als auch unmittelbar. Sie zeigen, was in Gottes Augen wahr ist und was eines Tages vollständig offenbar werden wird.

Weltweit singt, dient und leidet diese Gemeinschaft bereits heute – oft im Verborgenen, aber immer in Gemeinschaft mit dem Lamm.

Pfingstler, die sich vor Sonnenaufgang in Nairobi versammeln, Wanderarbeiter, die in Mittelamerika beten, philippinische Christen, die Hymnenfeste leiten, indigene Kirchen, die die Heilige Schrift in ihre Sprachen übersetzen – all das vermittelt einen Eindruck von der Menge vor dem Thron. Ihre Lieder, Sprachen und ihr Leben bezeugen, dass das Lamm sein Volk sammelt und dass die Kirche Jesu Christi sich nicht auf eine Kultur, Form oder Ausdrucksform beschränken lässt.

Doch die Offenbarung stellt auch Kirchen vor Herausforderungen, die ihre Berufung vergessen. Eine Kirche, die sich dem Imperium unterordnet, die Unterdrückten ignoriert oder die Stimmen anderer zum Schweigen bringt, riskiert, ihren Platz in der Vision des Lammes zu verlieren. Zum Volk Gottes zu gehören bedeutet, dem Lamm zu folgen, wohin es auch geht – ins Leid, in die Mission und in die Hoffnung auf die Auferstehung.

Fragen zur Reflexion oder Diskussion
- Wie beeinflusst die Vision der Offenbarung vom multiethnischen, vereinten, anbetenden Volk Gottes Ihr Verständnis

christlicher Identität? Welche Faktoren könnten die Verwirklichung dieser Vision in Ihrem Umfeld behindern?
- Auf welche Weise kann Ihre eigene Kirche die in Offenbarung 14 und 15 beschriebene treue Ausdauer verkörpern?

Kapitel 9
Babylon die Große und der Untergang des Imperiums

Babylon als imperiale Macht

In Offenbarung 17-18 wechselt die Szene zu einer eindringlichen und erschütternden Darstellung Babylons der Großen, Symbol eines verführerischen und unterdrückerischen Reiches. Babylon wird als eine Frau vorgestellt, "in Purpur und Scharlach gekleidet ..., die einen goldenen Becher voller Gräuel hält" und auf einem scharlachroten Tier mit sieben Köpfen und zehn Hörnern sitzt (Offb 17,3-5). Sie wird als "die große Hure" und "die Mutter der Huren und der Gräuel der Erde" beschrieben. Ihr Name ist ein Mysterium: Babylon die Große.

Dieses Bild erinnert an die alttestamentliche Darstellung Babylons als des großen Unterdrückers des Volkes Gottes (z. B. Jesaja 47; Jeremia 51). Doch im Kontext von Johannes ist Babylon ein kaum verhüllter Hinweis auf Rom – das Reich, das den Mittelmeerraum mit militärischer Macht, wirtschaftlicher Dominanz und religiösem Imperialismus beherrschte. Die sieben Köpfe stehen für "sieben Berge" (17,9) und verweisen mit ziemlicher Sicherheit auf die sieben Hügel Roms. Die Sprache der Verführung und Gewalt verdeutlicht, wie das Reich seine Untertanen lockte und gleichzeitig unterdrückte.

Doch Babylon ist mehr als Rom. Wie die Tiere aus Offenbarung 13 ist Babylon ein transhistorisches Symbol – ein Stellvertreter für jedes politische, wirtschaftliche oder kulturelle System, das sich über Gott erhebt, die Schwachen ausbeutet und die Nationen betrügt. Babylon ist ein Imperium in seiner verführerischsten Form, in Luxus gekleidet, blutrünstig, Frieden versprechend, aber auf Gewalt aufgebaut.

Johannes' Vision entlarvt die glitzernde Fassade des Imperiums. Die Frau wirkt königlich, doch ihre Schönheit ist falsch. Ihr goldener Becher ist mit Unreinheit gefüllt. Sie reitet das Tier, wird aber auch von ihm verschlungen (17,16). Die Systeme, die sie am Leben erhalten, werden sie letztlich verraten. Der Fall Babylons ist nicht nur unvermeidlich – er ist von Gott bestimmt.

Götzendienst, Kommerz und Verführung

Offenbarung 18 beschreibt den Fall Babylons als einen Moment des Gerichts und der Enthüllung. Ein Engel ruft:

> Gefallen, gefallen ist Babylon, die Große! Sie ist zur Behausung der Dämonen geworden... (18,2).

Die Gründe für ihren Untergang sind vielfältig: Arroganz, Ausbeutung, spirituelle Korruption und vor allem die Kommerzialisierung des menschlichen Lebens. Die Liste der von Babylons Händlern gehandelten Waren umfasst "Gold, Silber, Juwelen" und endet erschreckend mit "Sklaven – das heißt Menschenleben" (18,13).

Dieser Warenkatalog offenbart, dass Babylons Sünde nicht nur religiöser, sondern auch wirtschaftlicher Natur ist. Sie lebt vom Luxus, vermarktet das Heilige und behandelt Menschen wie Dinge. Sie verwandelt Profit in Götzendienst und Konsum in Erlösung. Ihre Religion ist Konsumismus, ihre Liturgie ist Handel, und ihr Altar ist auf dem Rücken der Armen errichtet.

Die Klage der Könige und Kaufleute (18,9-19) gilt nicht dem Verlust der Gerechtigkeit, sondern dem Verlust des Profits. Sie trauern nicht, weil Babylon böse war, sondern weil es profitabel war. Diese Umkehrung ist die prophetische Satire der Offenbarung: Diejenigen, die den Reichtum anbeten, trauern mehr um seinen Verlust als um die Leben, die für seinen Erwerb zerstört wurden.

Babylons verführerische Kraft liegt in ihrer Fähigkeit, Ungerechtigkeit zu normalisieren. Sie verführt nicht nur mit Tyrannei, sondern auch mit Exzess, Unterhaltung und Komfort. Das macht sie so gefährlich – ihre Anziehungskraft ist ästhetisch, nicht nur zwanghaft. Sie macht Götzendienst zum Spektakel, Ausbeutung zum Luxus und Lüge zum gesunden Menschenverstand.

Prophetische Klage und Feier

In diese Szene der Zerstörung ertönt ein Ruf vom Himmel:

> Geht hinaus aus ihr, mein Volk, damit ihr nicht an ihren Sünden teilhabt (18,4).

Dieser Ruf ist nicht nur physischer, sondern auch spiritueller und ethischer Natur. Das Volk Gottes ist zu Urteilsvermögen, Distanz und Trotz aufgerufen. Aus Babylon herauszukommen bedeutet, seine Werte abzulehnen, seinen Erzählungen zu widerstehen und als Bürger eines anderen Königreichs zu leben. Es ist ein Ruf zur Heiligkeit, nicht zum Rückzug; zu prophetischer Vorstellungskraft, nicht zu kultureller Gefangenschaft.

Darauf folgt eine doppelte Reaktion: Klage auf der Erde und Jubel im Himmel. Die Könige und Händler der Erde rufen: "Wehe, wehe, die große Stadt!", während der Himmel singt: "Freue dich über sie, Himmel!" (18,19–20). Diese gegensätzlichen Reaktionen offenbaren die moralische Polarität der Offenbarung: Was die Welt betrauert, feiert der Himmel; was die Welt bewundert, verurteilt der Himmel.

Dies ist ein liturgischer Moment – die Offenbarung lädt die Leser ein, die himmlische Perspektive einzunehmen. Babylons Untergang ist nicht nur ein politisches, sondern auch ein theologisches Ereignis. Es ist die Zerstörung einer falschen Realität, die Enthüllung eines auf Lügen aufgebauten Systems. Ihre Zerstörung macht den Weg frei für die Ankunft des neuen Jerusalem (Offb 21), einer Stadt nicht der Herrschaft, sondern des Friedens.

Globale Lesarten von Imperium und Widerstand

Die Darstellung Babylons in der Offenbarung hat im Laufe der Geschichte und der Welt in Gemeinschaften Anklang gefunden, die unter imperialer Unterdrückung und wirtschaftlicher Ungerechtigkeit gelitten haben. Afrikanische Theologen verglichen Babylon mit Kolonialregimen, die entmenschlichten und enteigneten. Lateinamerikanische Befreiungstheologen interpretieren Babylon als neoliberalen Kapitalismus, der die Arbeiter ausbeutet, die Erde verwüstet und den Reichtum in den Händen weniger konzentriert. Asiatische Theologen wiesen auf den von politischen Mächten manipulierten religiösen Pluralismus Babylons hin.

In der westlichen Welt wurde Babylon manchmal fälschlicherweise als zukünftige politische Einheit interpretiert, was zu sensationsheischenden Eschatologien führte. Doch die Offenbarung will kein einzelnes Regime vorhersagen. Sie ruft Leser jeder Generation dazu auf, das "Babylon" ihres eigenen Kontextes zu identifizieren – welche Mächte auch immer die Kirche mit Kompromissen, Profitgier oder Privilegien in Versuchung führen.

Babylon lebt noch immer dort, wo Reichtum verehrt wird, wo die Armen entbehrlich sind, wo nationale Macht mit göttlicher Gunst verwechselt wird und wo Wahrheit dem Komfort geopfert wird. An solchen Orten ruft die Offenbarung die Kirche nicht zur Mittäterschaft auf, sondern zum mutigen Widerstand – verwurzelt in der Anbetung, geprägt vom Kreuz und beseelt von der Hoffnung auf eine bessere Stadt.

Fragen zur Reflexion oder Diskussion
- Welche Formen nimmt "Babylon" Ihrer Meinung nach in der heutigen Welt an?
- Was könnte es für Christen in Ihrem Umfeld bedeuten, den Geist sagen zu hören: "Geht hinaus aus ihr (Babylon), mein Volk" (Offb 18,4)?
- Wie könnte das Zeugnis der Offenbarung Christen dazu herausfordern, ihre

alltäglichen wirtschaftlichen Entscheidungen zu überprüfen?

Kapitel 10
Die Rückkehr des Königs – Christi endgültiger Sieg

Der Reiter auf dem weißen Pferd (Offenbarung 19,11-16)

Nach dem Fall Babylons jubelt der Himmel. "Halleluja!" schallt es durch den Himmel (Offb 19,1-6), ein seltenes Wort im Neuen Testament, das hier die Freude über die göttliche Gerechtigkeit zum Ausdruck bringt. Dann hat Johannes eine dramatische Vision:

> Ich sah den Himmel geöffnet, und da war ein weißes Pferd! Sein Reiter heißt: Treu und Wahrhaftig... In Gerechtigkeit richtet und führt er Krieg (19,11).

Der Reiter ist niemand anderes als Jesus Christus, dargestellt nicht als sanftmütiger Lehrer oder Opferlamm, sondern als Kriegerkönig. Doch die Waffen und Titel dieses Kriegers laden zum Nachdenken ein. Sein Gewand ist bereits in Blut getaucht (19,13) – nicht das Blut seiner Feinde, sondern wahrscheinlich sein eigenes, was das Kreuz als Grundlage seines Sieges symbolisiert. Sein Name ist "Das Wort Gottes" (19,13), was ihn mit dem göttlichen Logos des Johannesevangeliums verbindet. Aus seinem Mund kommt ein scharfes Schwert – ein Hinweis darauf, dass seine Macht durch Wort, Wahrheit und Urteil ausgeübt wird, nicht durch rohe Gewalt.

Dieses paradoxe Bild verbindet Triumph mit Opfer, Macht mit Demut. Christus reitet nicht als Cäsar ein, sondern als jemand, der durch selbstlose Liebe siegt. Er ist "König der Könige und Herr der Herren" (19,16), und sein Erscheinen markiert das entscheidende Ende der Scheinherrschaft Babylons.

Für die Kirche ist diese Vision kein Aufruf zum Heiligen Krieg, sondern zum treuen Vertrauen in die Gerechtigkeit des Lammes. Sie versichert verfolgten Gemeinschaften, dass das Böse nicht siegen wird, und lädt alle Jünger ein, ihre Hoffnung nicht auf weltliche Mächte zu richten, sondern auf den Einen, der in Gerechtigkeit regiert.

Die Fesselung Satans und das Millennium (Offenbarung 20,1-6)

Nach Christi siegreicher Erscheinung folgt in Offenbarung 20 die umstrittene Passage, die oft als Millennium bezeichnet wird – ein symbolischer Zeitraum von "tausend Jahren", in dem Satan gebunden ist und die Gläubigen mit Christus herrschen (20,1-6). Die Interpretationen dieser Passage variierten im Laufe der christlichen Geschichte stark.

- Prämillenaristische Ansichten interpretieren die tausend Jahre als eine zukünftige, buchstäbliche Herrschaft Christi auf Erden.
- Aus postmillennialer Perspektive wird das Millennium als ein goldenes Zeitalter christlichen Einflusses betrachtet, das zur Wiederkehr Christi führt.
- Amillenniale Lesarten interpretieren die tausend Jahre symbolisch als die gegenwärtige Herrschaft Christi durch die Kirche.

Anstatt die Bedeutung der Offenbarung in einer einzigen Zeitlinie zu verankern, ruft uns dieses Kapitel dazu auf, uns auf ihren theologischen Zweck zu konzentrieren: Christi Autorität hat bereits über das Böse gesiegt, und diejenigen, die für seinen Namen gelitten haben, werden geehrt und zum Leben erweckt. "Sie wurden lebendig und regierten mit Christus tausend Jahre" (20,4). Diese Vision bekräftigt die Rechtfertigung der Märtyrer, die Gerechtigkeit Gottes und den endgültigen Sieg Satans.

Die "erste Auferstehung" in diesem Text symbolisiert die Teilhabe am Sieg Christi. Sie spendet den Verfolgten Trost und erinnert die Kirche daran, dass mit Christus zu leiden bedeutet, mit ihm zu herrschen (vgl. 2 Tim 2,12).

Das Jüngste Gericht und das Buch des Lebens (Offenbarung 20,7–15)

Nach dem Millennium wird Satan für einen letzten Kampf freigelassen. Er verführt die Völker erneut und versammelt sie zum Kampf – doch Feuer vom Himmel verzehrt sie, und der Teufel wird in den Feuersee geworfen (20,7–10). Dies markiert das Ende der Rebellion des Bösen. Es ist kein dualistischer Konflikt zwischen gleichwertigen Mächten – Gottes Gerechtigkeit steht nie in Zweifel.

Johannes sieht dann "einen großen weißen Thron" (20,11). Alle Toten werden "nach ihren Werken" gerichtet, und diejenigen, deren Namen nicht im "Buch des Lebens" stehen, werden in den Feuersee geworfen (20,12–15). Diese ernüchternde Szene erinnert uns daran, dass menschliches Handeln zählt, dass Gerechtigkeit herrschen wird und dass das Böse nicht ungehindert weitergeht.

Doch auch hier dient das Gericht einem erlösenden Zweck. Das Ziel ist nicht die Zerstörung um ihrer selbst willen, sondern die Reinigung der Schöpfung von allem, was befleckt und zerstört. Der Feuersee ist nicht für fehlerhafte Menschen reserviert, die im Glauben ringen, sondern für das reuelose Böse, das Imperium und die satanische Herrschaftslogik. Die Offenbarung stellt diese Realitäten in einen Spannungsverhältnis: Gottes

Gerechtigkeit ist real, ebenso wie Gottes Barmherzigkeit.

Der Sieg des Lammes und die Rechtfertigung der Heiligen

Offenbarung 19-20 ist keine isolierte Vision der Endzeit – es ist eine theologische Offenbarung darüber, wie Christi zukünftiger Sieg die Gegenwart neu gestaltet. Die Gläubigen werden nicht vergessen. Diejenigen, die für Christi Namen gelitten, gestorben oder ausgegrenzt wurden, werden geehrt, auferweckt und auf den Thron erhoben (20,4).

Im gesamten Buch werden die Gläubigen nicht durch Machttitel, sondern durch ihre Beziehung zum Lamm beschrieben. Sie sind diejenigen, die "dem Lamm folgen, wohin es auch geht" (14,4), die " die Gebote Gottes halten und am Glauben an Jesus festhalten" (14,12). Sie sind diejenigen, deren Gewänder im Blut des Lammes gewaschen wurden (7,14) und deren Namen im Lebensbuch des Lammes stehen (21,27).

Dies ist keine abstrakte Hoffnung – sie ist seelsorgerisch und politisch, insbesondere für Gläubige, die von Verfolgung, wirtschaftlicher Ausbeutung oder systemischem Rassismus betroffen sind. Die Rückkehr des Königs ist keine Drohung, sondern ein Versprechen: ein Versprechen, dass Gerechtigkeit geschehen, die

Wahrheit ans Licht kommen und die Demütigen aufgerichtet werden.

Globale Stimmen und apokalyptische Hoffnung

Weltweit hat die Vision der Offenbarung von Christi Wiederkunft Gemeinschaften in traumatischen und unterdrückten Situationen geholfen. In afroamerikanischen Spirituals drückt der Refrain "König Jesus hört zu" Verantwortung und Nähe zugleich aus. Für Christen in Gebieten mit Gewalt, Armut oder Ausgrenzung sind das weiße Pferd und der gekrönte Reiter keine Symbole der Angst, sondern der befreienden Hoffnung. Die Bilder bekräftigen, dass das Böse nicht das letzte Wort hat und Gott angesichts von Ungerechtigkeit nicht passiv bleibt.

Gleichzeitig kritisiert die Offenbarung triumphalistische Eschatologien, die Christi Wiederkunft zur Rechtfertigung von Herrschaft oder Gleichgültigkeit machen. Der wiederkehrende König ist nicht Cäsar in seiner ursprünglichen Form. Er ist das geschlachtete Lamm. Seine Gerechtigkeit ist wiederherstellend, seine Macht aufopfernd, und sein Thron gründet sich nicht auf Eroberung, sondern auf das Kreuz.

Fragen zur Reflexion oder Diskussion
- Glauben Sie, dass die Kirche in Ihrem Umfeld die Vision der Wiederkunft Christi in der Offenbarung ernst genug nimmt? Warum oder warum nicht?
- Wie könnte die Erwartung der endgültigen Gerechtigkeit das Leben der Christen in der Praxis beeinflussen?

Kapitel 11
Ein neuer Himmel und eine neue Erde

Das neue Jerusalem als Wohnort Gottes (Offenbarung 21,1–4)

Als sich die Offenbarung dem Ende zuneigt, hebt sich der Vorhang für die entscheidende Vision der Hoffnung:

> Und ich sah einen neuen Himmel und eine neue Erde ... Und ich sah die heilige Stadt, das neue Jerusalem, von Gott aus dem Himmel herabsteigen (Offb 21,1–2).

Diese Vision markiert einen radikalen Wandel. Die biblische Geschichte handelt nicht von Menschenseelen, die in den Himmel entschweben, sondern von der Ankunft des Himmels auf der Erde. Gott gibt die Schöpfung nicht auf; Gott erlöst sie. Die heilige Stadt steigt herab, nicht davon. Es ist eine Vision göttlicher Gegenwart, die die Welt von innen heraus erneuert.

Im Mittelpunkt dieser neuen Schöpfung steht die Beziehung:

> Siehe, die Wohnung Gottes ist unter den Menschen ... sie werden sein Volk sein, und Gott selbst wird bei ihnen sein (21,3).

Dieses innige Versprechen spiegelt den Bundesreim der Hebräischen Schriften wider und erfüllt die tiefste Sehnsucht des menschlichen Herzens. Trauer, Tod und Schmerz sind nicht mehr (21,4). Die früheren Dinge sind vergangen – nicht durch Vernichtung, sondern durch Verwandlung.

Die Offenbarung endet nicht in der Zerstörung. Sie endet in der Gemeinschaft.

Die Umkehrung des Sündenfalls und die Erfüllung des Bundes

Das Neue Jerusalem ist keine buchstäbliche Stadt aus Gold und Juwelen, sondern eine symbolische Realität, die die Verheißungen der Heiligen Schrift erfüllt und den Fluch der Genesis aufhebt. Im Garten Eden wurde die Menschheit aus Gottes Gegenwart vertrieben. Im Neuen Jerusalem wohnt Gott dauerhaft in der Schöpfung. Im Garten Eden wurde der Baum des Lebens bewacht. Im Neuen Jerusalem wächst er im Zentrum der Stadt und ist für alle zugänglich (22,2).

Die Architektur der Stadt ist zutiefst theologisch geprägt. Sie ist auf zwölf Grundpfeilern (21,14) erbaut, die die Apostel repräsentieren, und hat zwölf Tore (21,12), benannt nach den Stämmen Israels. Ihre Ausmaße – zwölftausend Stadien in Länge, Breite und Höhe – bilden einen perfekten Würfel, der an das Allerheiligste im Tempel erinnert. Der Punkt ist klar: Die gesamte Stadt ist nun die Wohnstätte

Gottes. Es gibt keinen Tempel, denn die gesamte Schöpfung ist heilig.

Dies ist das Telos der Erlösung – nicht körperloses Entkommen, sondern leibhaftige Wiederherstellung. Die Völker werden nicht vernichtet, sie werden geheilt (22,2). Die Kultur wird nicht ausgelöscht, ihr Glanz wird in die Stadt gebracht (21,26). Sonne und Mond werden nicht verbannt, sie werden vom Glanz der Gegenwart Gottes überragt (21,23).

Das Neue Jerusalem erfüllt den Bund mit Abraham (ein Land für alle Völker), den Bund mit Mose (eine gerechte Gemeinschaft) und den Bund mit David (Gottes ewige Herrschaft durch das Lamm). Es ist die ekklesiologische und eschatologische Hoffnung der Kirche – nicht nur ein Ort, nach dem wir uns sehnen, sondern eine Realität, die wir allmählich verkörpern.

Heilung der Nationen und ökologische Erneuerung

Im Herzen der Stadt fließt der Fluss des Lebenswassers, flankiert vom Baum des Lebens, der jeden Monat Früchte trägt und Blätter "zur Heilung der Völker" (22,1–2) spendet. Dies ist keine poetische Floskel, sondern eine theologische Verkündigung: Gottes Zukunft umfasst die Heilung der Schöpfung und die Versöhnung der Menschheit.

Der Baum des Lebens, der in der Genesis verleugnet wurde, ist nun in Hülle und Fülle vorhanden. Der Fluss erinnert an die Ströme von Hesekiels Tempel (Hes 47) und an das lebendige Wasser der Verheißung Jesu (Joh 7,38). Dies ist kein privates Paradies, sondern ein gemeinschaftliches Ökosystem der Heilung – wo Gewalt beendet, Entfremdung überwunden und das Leben geteilt wird.

Diese Vision hat tiefgreifende Auswirkungen auf die ökologische Theologie. Die Zukunft ist weder antimateriell noch antiökologisch. Die Herrschaft des Lammes bekräftigt die Güte der Schöpfung und ihr rechtmäßiges Gedeihen. In einer Welt, die von Umweltkollaps und ökologischer Ungerechtigkeit bedroht ist, bietet Offenbarung 22 keine Verzweiflung, sondern eine sakramentale Vision der Wiederherstellung der Schöpfung.

Die Kirche als Vorgeschmack des neuen Jerusalem

Obwohl Offenbarung 21–22 in die Zukunft weist, ist sie keine ferne Fantasie. Die Kirche ist heute aufgerufen, die Realität des Neuen Jerusalems in der Gegenwart zu verkörpern. So wie das Lamm bereits auf dem Thron sitzt, ist das Volk des Lammes bereits Zeichen, Sakrament und Vorgeschmack dessen, was kommen wird.

Das bedeutet, dass christliche Gemeinden Orte der Aufnahme, der Heilung, der Gerechtigkeit und der Heiligkeit sein sollen – sie sollen den Charakter der Stadt widerspiegeln, deren Architekt Gott ist. In jedem Akt der Versöhnung, jedem Wort der Wahrheit, jeder Mahlzeit, die im Namen Christi geteilt wird, setzt die Kirche das kommende Reich Gottes in die Tat um.

Dem Ruf, "aus Babylon hinauszugehen" (18,4), entspricht die Einladung, "in die Stadt zu gehen" (22,14). Diese eschatologische Spannung ist der Raum, in dem die Kirche lebt. Wir sind noch nicht zu Hause – aber wir sind bereits Bürger der zukünftigen Stadt (Phil 3,20). Unser Leben soll diese Realität vorwegnehmen und widerspiegeln.

Kirche zu sein bedeutet, Verzweiflung abzulehnen, Babylon zu widerstehen und als Pilger und Propheten der kommenden neuen Schöpfung zu leben. Wir bauen das Neue Jerusalem nicht, aber wir bezeugen es.

Eschatologische Ethik: Die Zukunft jetzt leben

Die Offenbarung endet mit einer Bitte und einem Versprechen: " Der Geist und die Braut sagen: Komm! Wer durstig ist, der komme (22,17)."

Dies ist ein Wort der Mission und Einladung. Die Kirche soll diese Vision nicht bewahren, sondern weitergeben – den Durstigen lebendiges Wasser und den Verzweifelten

Hoffnung bieten. Eschatologie ist kein Fluchtplan, sondern ein missionarischer Aufruf. Wir sind aufgerufen, die Zukunft jetzt zu leben – die Herrschaft des Lammes in unserer Praxis von Gerechtigkeit, Gottesdienst, Ökologie und Gemeinschaft zu verkörpern.

Die Offenbarung endet mit der Sehnsucht: "Komm, Herr Jesus!" (22,20). Doch selbst diese Sehnsucht ist erfüllt von der Gewissheit: "Siehe, ich komme bald."

Bis dahin leben wir in der Zwischenzeit – bereits versiegelt, bereits gesandt, bereits geliebt. Die Gnade des Herrn Jesus ist mit uns (22,21), und wir gehen nicht in Angst, sondern in Hoffnung voran.

Fragen zur Reflexion oder Diskussion
- Wie prägt die Vision des Neuen Jerusalem Ihr persönliches und gemeinschaftliches Gefühl christlicher Hoffnung?
- Welche Praktiken könnten der Kirche helfen, als Vorgeschmack der in der Offenbarung verheißenen neuen Schöpfung zu leben?
- Welche Rolle könnte die in der Offenbarung enthaltene Vision des Neuen Jerusalem dabei spielen, wie Christen heute an der Mission Gottes teilnehmen?

Kapitel 12
Einige führende Interpreten der Offenbarung

Warum Interpretation wichtig ist

Kaum ein biblisches Buch erfordert so viel Sorgfalt bei der Interpretation wie die Offenbarung des Johannes. Ihre kraftvollen Symbole und ihr poetischer Widerstand haben nicht nur Hoffnung geweckt, sondern auch Missbrauch hervorgerufen – sei es durch angstgetriebene Eschatologie, starre Vorhersagesysteme oder kulturell bedingte Lesarten. Doch im Laufe der Kirchengeschichte war die Offenbarung auch ein lebensspendender Text, insbesondere für Gemeinden in Not, der die Leser zu treuem Zeugnis und tiefer Vorstellungskraft aufrief.

Dieses Kapitel stellt Studierenden einige führende Interpreten der Offenbarung vor, vom frühen Christentum bis zur Gegenwart. Es beleuchtet globale, theologische und geschlechterübergreifende Stimmen und zeigt, wie unterschiedliche Perspektiven unterschiedliche Dimensionen der Apokalypse hervorheben. Beim Lesen der Offenbarung geht es nicht darum, die "richtige" Bedeutung zu finden, sondern in ein gemeinschaftliches Gespräch einzutreten, das von Kontext, Glauben und Mut geprägt ist.

Stimmen der frühen Kirche: Irenäus, Victorinus und Tyconius

Irenäus von Lyon (2. Jahrhundert) gehörte zu den ersten Theologen, die die apostolische Urheberschaft und Autorität der Offenbarung bestätigten. Er betonte ihre eschatologische Hoffnung und sah darin eine Verteidigung gegen den gnostischen Dualismus. Irenäus' zukunftsorientierte, prämillenaristische Interpretation verband die Offenbarung mit der endgültigen Niederlage des Bösen durch Christi Wiederkunft.

Victorinus von Pettau (gest. 304), Autor des ältesten bekannten Kommentars zur Offenbarung, bot eine allegorische und antiimperiale Lesart. Er betrachtete Rom als das Tier und betonte die symbolische Erzählweise des Buches. Sein Kommentar legte den Grundstein für die symbolischen Interpretationen, die in späteren Jahrhunderten florieren sollten.

Tyconius, ein nordafrikanischer Donatist des 4. Jahrhunderts, bot eine einflussreiche spirituelle Lesart der Offenbarung an und betrachtete deren Kämpfe und Urteile als einen fortwährenden Kampf innerhalb der Kirche und der Welt. Sein Werk prägte spätere Interpreten, darunter Augustinus, nachhaltig und nahm amillenniale Lesarten vorweg, die die Offenbarung als Beschreibung des Kirchenzeitalters und nicht als zukünftige Chronologie betrachteten. Diese Lesart der Offenbarung trug dazu bei, die Eschatologie von der spekulativen Vorhersage zur ethischen Prägung zu entwickeln und beeinflusst bis heute die christliche Interpretation.

Neuere Interpreten der Offenbarung

Die moderne Wissenschaft hat neue Perspektiven für das Verständnis der Theologie, der literarischen Struktur und der soziopolitischen Implikationen der Offenbarung eröffnet. Zu den einflussreichsten Stimmen zählen die folgenden:

Richard Bauckham präsentiert in *The Theology of Revelation* die Offenbarung als literarisches und theologisches Meisterwerk, das in der alttestamentlichen Prophezeiung verwurzelt ist. Er hebt die Vision des Buches von universeller Anbetung, göttlicher Gerechtigkeit und der subversiven Macht des geschlachteten Lammes hervor. Für Bauckham geht es in der Offenbarung nicht nur um das Ende der Welt, sondern um die Enthüllung von Gottes Absichten in Geschichte und Anbetung.

Craig R. Koester bietet sowohl in *Revelation and the End of All Things* als auch in seinem maßgeblichen *Anchor Yale Bible Commentary* on Revelation (2014) eine ausgewogene Lesart, die tief pastoral, literarisch einfühlsam und historisch fundiert ist. Sein Kommentar hebt die zyklische Struktur des Buches, seinen symbolischen Reichtum und die tiefe theologische Herausforderung hervor, die es an die Selbstgefälligkeit stellt. Koesters Werk hilft der Kirche, die Offenbarung als Wort des Trostes, der Herausforderung und der ultimativen Hoffnung wiederzuentdecken.

David Aune, dessen dreibändiger Kommentar in der Reihe *Word Biblical Commentary* zu den detailliertesten auf dem Markt zählt, bietet eine historisch-kritische Analyse, die auf dem griechisch- römischen Hintergrund und der jüdischen apokalyptischen Literatur basiert. Er ordnet die Offenbarung in ihren antiken literarischen Kontext ein und hilft modernen Lesern, ihre symbolische Sprache und rhetorische Strategie zu verstehen.

GK Beale vertritt in seinem *New International Greek Testament Commentary* on Revelation eine reformierte theologische Perspektive und legt den Schwerpunkt auf symbolische und bundesgebundene Interpretationen. Beale liest die Offenbarung als symbolische Darstellung des gesamten Kirchenzeitalters und betont dabei geistliche Konflikte und göttliche Souveränität. Sein Werk ist reich an intertextuellen Bezügen zum Alten Testament und hat einen tief ekklesiologischen Ton.

Brian K. Blount beleuchtet in seinem Band "Revelation" für die Reihe *New Testament Library* (2009) die Apokalypse aus einer schwarzen theologischen und befreienden Perspektive. Er interpretiert die Offenbarung aus der Perspektive der afroamerikanischen Erfahrung und konzentriert sich dabei auf Beharrlichkeit, Widerstand und eschatologische Hoffnung. Blount betont die pastorale Stimme der Offenbarung für leidende Gemeinschaften und ihren Ruf zu verkörpertem prophetischem Zeugnis angesichts von Herrschaft und Unterdrückung.

Diese Interpreten unterscheiden sich in ihrer Methode und Schwerpunktsetzung, doch gemeinsam bekräftigen sie, dass die Offenbarung ein Text tiefer theologischer Vision ist, der über Zeiten, Kulturen und Konflikte hinweg zu sprechen vermag.

Globale Stimmen: Boesak, Kim Yong-Bock und Néstor Míguez

Allan Boesak, ein südafrikanischer reformierter Pastor und Anti-Apartheid-Aktivist, liest die Offenbarung als ein Manifest der Hoffnung für die Unterdrückten. In Babylon sah

Boesak die Apartheid; im Lamm die Kraft zum Widerstand. Seine Predigten und Schriften betonten Gottes Vorliebe für die Armen und den Aufruf der Offenbarung zu treuem, riskantem Widerstand.

Pablo Richard (Chile), ein lateinamerikanischer Befreiungstheologe, interpretiert die Offenbarung in ihrem antiken römischen Kontext als eine Botschaft der Hoffnung und des Widerstands für unterdrückte Gemeinschaften. Er betont ihre Kritik am Imperium sowie ihren Aufruf zu Gerechtigkeit und sozialem Wandel. Anstatt sie als Vorhersage einer zukünftigen Katastrophe zu sehen, versteht er die Offenbarung als einen prophetischen Text, der Gläubige dazu befähigt, sich der Ungerechtigkeit zu stellen und in Solidarität mit den Ausgegrenzten zu leben.

Néstor Míguez, ein argentinischer Methodist, nutzt die Erfahrungen der lateinamerikanischen Kirche, um die Offenbarung als Kritik an wirtschaftlicher Ausbeutung und neoliberalem Kapitalismus zu interpretieren. Sein Werk verbindet die Bilder der Offenbarung von Babylon und dem Tier mit Schuldensystemen, Armut und globaler Ungleichheit. Das Neue Jerusalem steht für Míguez für Solidarität, Gerechtigkeit und die Würde der Armen.

Diese globalen Stimmen erinnern die Leser daran, dass die Offenbarung nicht nur von den Rändern der Gesellschaft spricht, sondern auch zu ihnen, indem sie eine apokalyptische Vision als Linse des Widerstands, der Heilung und der Transformation bietet.

Wissenschaftlerinnen und feministische Perspektiven

Elisabeth Schüssler Fiorenza stellt in *The Book of Revelation: Justice and Judgment* als Dokument des Widerstands einer marginalisierten Gemeinschaft unter imperialem Druck in den Vordergrund. Sie kritisiert Lesarten, die Gewaltbilder zelebrieren, ohne deren rhetorischen und politischen Kontext zu berücksichtigen. Fiorenzas Werk hat die feministische Bibelauslegung nachhaltig geprägt und betont, dass Gerechtigkeit – nicht Spektakel – das theologische Zentrum der Offenbarung ist.

Catherine Keller, eine konstruktive Theologin, reklamiert die Offenbarung für ökologische und politische Vorstellungskraft. In ihrem jüngsten Werk *Facing Apocalypse: Climate, Democracy, and Other Last Chances* (2021) kritisiert Keller den apokalyptischen Dualismus und Determinismus und plädiert stattdessen für eine relationale Eschatologie und offene Zukunftsperspektiven. Sie sieht in der

Offenbarung sowohl Gefahr als auch Versprechen – eine Erzählung, die je nach Lesart und Umsetzung sowohl Dystopie als auch hoffnungsvollen Widerstand nähren kann.

Barbara Rossing bietet in *The Rapture Exposed: The Message of Hope in the Book of Revelation* eine populärwissenschaftliche und zugleich theologisch fundierte Auseinandersetzung mit der Offenbarung. Sie zerlegt dispensationalistische Eschatologien und entschlüsselt die Offenbarung als Vision gewaltfreier Hoffnung und ökologischer Erneuerung. Rossing interpretiert das Lamm nicht als Krieger, sondern als Zeichen göttlicher Verletzlichkeit. Sie stellt militarisierte Lesarten infrage und bekräftigt Gottes heilende Absichten für die Welt.

Diese feministischen Theologinnen bieten kritische Korrekturen und konstruktive Einsichten. Sie helfen der Kirche, die Offenbarung so zu lesen, dass sie dem Lamm treu bleibt, die Erfahrungen von Frauen einbezieht und Gerechtigkeit, Ökologie und Befreiung berücksichtigt.

Auf dem Weg zu einer polyphonen Lesart der Offenbarung

Was aus diesem Kapitel hervorgeht, ist eine vielstimmige Theologie der Offenbarung. Keine einzelne Stimme genügt; jede Perspektive – historisch, literarisch, theologisch, kontextuell –

trägt eine wichtige Perspektive bei. Ob in der Wissenschaft, auf der Kanzel oder in der Basisgemeinde – Interpretation ist nie neutral. Sie stärkt entweder das Imperium oder widersetzt sich ihm. Sie engt die Vision des Lammes entweder ein oder erweitert sie.

Die Offenbarung treu zu interpretieren bedeutet, aufmerksam zuzuhören – auf den Text, den Geist und die Stimmen derer, die in ihren Seiten Feuer und Licht gefunden haben. In dem Buch geht es nicht nur um das Ende. Es geht darum, in der Gegenwart auszuharren und eine Vision von der Zukunft des Lammes zu haben. Durch diese Interpreten ist die Kirche eingeladen, die Offenbarung mit Ehrfurcht, Dringlichkeit und Hoffnung zu lesen.

Fragen zur Reflexion oder Diskussion
- Wie haben unterschiedliche historische und kulturelle Kontexte die Interpretation der Offenbarung beeinflusst?
- Welcher/welche in diesem Kapitel vorgestellte Interpret/Interpretinnen entspricht/entsprechen Ihrem Verständnis am meisten oder werfen bei Ihnen neue Fragen auf?

- Was können uns internationale und weibliche Dolmetscherinnen über die heutige Lesart der Offenbarung lehren?

Kapitel 13
Predigen und Lehren der Offenbarung heute

Einleitung: Warum die Offenbarung predigen?

Für viele Prediger und Lehrer ist die Offenbarung des Johannes ebenso einschüchternd wie faszinierend. Ihre Drachen, Bestien, kosmischen Schlachten und rätselhaften Zahlen haben manche dazu veranlasst, sie gänzlich zu meiden, während andere sie als Mittel der Angst und Kontrolle einsetzen. Doch die Offenbarung ist Teil des Kanons und der Kirche gegeben, nicht um zu verwirren oder zu erschrecken, sondern um Treue zu wecken, Hoffnung zu entfachen und Gemeinschaften dazu aufzurufen, als Zeugen des Lammes zu leben.

Die Offenbarung zu predigen und zu lehren ist nicht optional – sie ist unerlässlich. Gerade in einer Welt, die von Imperien, ökologischem Kollaps, Krieg und Ungerechtigkeit geprägt ist, erinnert die Offenbarung die Kirche an ihre wahre Identität und Zukunft. Doch um sie treu zu leben, muss man ihr mit Demut, Sorgfalt, theologischer Tiefe und pastoralem Feingefühl begegnen.

Der pastorale Zweck der Offenbarung

Im Kern ist die Offenbarung ein Hirtenbrief – geschrieben an echte Kirchen, die Verfolgung, Kompromissen und Ausgrenzung ausgesetzt sind. Ihr Autor Johannes will nicht die Neugier auf das Ende der Zeiten befriedigen, sondern Ausdauer und Hoffnung in der Gegenwart fördern. Prediger und Lehrer müssen daher mit dem pastoralen Kern des Buches beginnen.

Johannes wendet sich an sieben Gemeinden (Offb 2–3), jede mit ihren eigenen Problemen: Apathie, Angst, sexuelle Unmoral, Glaubensverwirrung und politische Kompromisse. Auch heutige Gemeinden stehen vor ähnlichen Herausforderungen. Die Offenbarung bietet einen Rahmen für ehrliche Reflexion und ruft die Gemeinden zu erneuerter Vision, Buße und Treue auf.

Die Apokalypse dient einer pastoralen Funktion: Sie lüftet den Schleier und zeigt die Wirklichkeit aus Gottes Perspektive. Sie begegnet Selbstgefälligkeit, entlarvt Macht und befähigt Gemeinschaften, im Leid standhaft zu bleiben. Gute Predigt und Lehre bewahren diese prophetische und pastorale Qualität.

Wichtige Themen, die hervorgehoben werden müssen

Effektive Lehre der Offenbarung konzentriert sich nicht auf Spekulation, sondern auf theologische Klarheit. Zu den wichtigsten Themen, die vermittelt werden müssen, gehören:

Die zentrale Bedeutung des Lammes

Das geschlachtete, aber noch immer stehende Lamm (Offb 5,6) steht stets im Mittelpunkt. Christus ist nicht nur der Retter, sondern auch das Vorbild für Jüngerschaft (Offb 14,4). Alle Macht der Offenbarung wird durch das Kreuz neu definiert. Die Lehre muss betonen, dass der Weg des Lammes gewaltlos, aufopfernd und in der Schwäche siegreich ist.

Anbetung als Widerstand

Die Offenbarung ist voller Hymnen, Lobpreisungen und Visionen kosmischer Anbetung. Anbetung ist keine Flucht vor der Realität, sondern Widerstand gegen Babylon. Die Lehre der Offenbarung soll Gemeinden helfen, ihre Anbetung als politisch, prophetisch und als Teilhabe an Gottes Herrschaft zu begreifen.

Urteil als Gerechtigkeit

Statt Panik zu verbreiten, sollten die Gerichtsszenen der Offenbarung als Gottes

Bekenntnis zur Gerechtigkeit verstanden werden. Babylons Fall ist die Befreiung der Unterdrückten. Die Lehre muss zeigen, dass das Gericht aus Gottes Heiligkeit entspringt und auf die Erneuerung der Schöpfung ausgerichtet ist.

Die neue Schöpfung als Hoffnung

Die Offenbarung endet nicht mit Zerstörung, sondern mit Erneuerung – einem neuen Himmel und einer neuen Erde, einer Gartenstadt, in der Gott mit den Menschen lebt. Die Predigt muss die Eschatologie der Offenbarung nicht als Flucht aus der Welt, sondern als Heilung der Welt darstellen.

Offenbarungslehre im globalen Kontext

Die Offenbarung weltweit zu lehren erfordert die Berücksichtigung kontextueller und kultureller Nuancen. In vielen Teilen der Welt findet die Offenbarung großen Anklang bei Gemeinschaften, die mit politischer Unterdrückung, Armut, Krieg oder ökologischer Zerstörung konfrontiert sind. Die Bilder von Babylon, dem Tier und dem Neuen Jerusalem sprechen mit prophetischer Kraft.

Gleichzeitig wurde die Offenbarung missbraucht – als Waffe eingesetzt, um koloniale Agenden zu unterstützen, auf Entrückung basierenden Eskapismus zu fördern oder antisemitische und islamfeindliche Ideen zu schüren. Lehrkräfte müssen wachsam sein, schädliche Lesarten zu dekonstruieren und die radikale Inklusivität, die Kritik am Imperium und die theologische Tiefe des Buches hervorzuheben.

Die Einbeziehung globaler und vielfältiger Interpreten (siehe Kapitel 12) ermöglicht eine umfassendere und vertrauenswürdigere Pädagogik. Beispiele aus der Befreiungstheologie, afrikanischen und asiatischen Kontexten, indigenen Erfahrungen und feministischer Kritik stellen sicher, dass die Offenbarung als Text für die gesamte Kirche gelehrt wird – nicht nur für eine Tradition oder Region.

Homiletische Strategien zur Predigt der Offenbarung

Vermeiden Sie Spekulationen; predigen Sie Christus.

Reduzieren Sie die Offenbarung nicht auf Zeitpläne, Diagramme oder Vorhersagen. Stellen Sie Christus in den Mittelpunkt, insbesondere als das geschlachtete Lamm.

Predigen Sie den Text, nicht nur die Symbole. Lassen Sie den Text sprechen. Konzentrieren Sie sich auf seine Struktur, Bildsprache und theologische Strömung. Vermeiden Sie übermäßige Allegorisierung oder Verflachung der Poesie.

Benennen Sie die Mächte

Babylon ist nicht nur Rom. Es existiert überall dort, wo Macht missbraucht und Götzendienst normalisiert wird. Treue Predigten helfen Gemeinden, die heutigen Imperien zu erkennen und ihnen zu widerstehen.

Nutzen Sie Liturgie und Vorstellungskraft

Die Offenbarung ist voller Lieder, Gebete und Visionen. Nutzen Sie liturgische Kreativität – Kunst, Musik und visuelle Symbolik –, um den Text lebendig zu machen.

Predige mutig Hoffnung

In der Offenbarung geht es vor allem um Hoffnung – nicht um billigen Optimismus, sondern um apokalyptische Hoffnung, die in Gottes Treue wurzelt. Sie offenbart die Wahrheit über das Leid der Welt und betont, dass das Lamm das letzte Wort haben wird.

Unterricht im Klassenzimmer: Empfehlungen für Lehrkräfte

Beginnen Sie mit dem Kontext

Vermitteln Sie den Studierenden einen Einblick in den historischen Hintergrund des Römischen Reiches im ersten Jahrhundert und die Situation der sieben Kirchen.

Genrebewusstsein hervorheben

Lehren Sie, wie apokalyptische Literatur funktioniert. Besprechen Sie Symbolik, Visionen und prophetische Kritik.

Verwenden Sie verschiedene Stimmen
Beziehen Sie wissenschaftliche Erkenntnisse und Zeugenaussagen aus der ganzen Welt ein, insbesondere Stimmen aus marginalisierten Gemeinschaften.

Ethische Reflexion fördern
Fordern Sie die Schüler auf, sich zu fragen: Was bedeutet es, heute als Bürger des Neuen Jerusalem zu leben? Was erfordert der "Auszug aus Babylon" von uns?

Balance zwischen Theologie und Seelsorge
Helfen Sie den Schülern zu verstehen, wie man die Offenbarung auf theologisch fundierte und seelsorgerisch einfühlsame Weise lehrt.

Fazit: Die Apokalypse leben und lehren
Die Offenbarung endet mit einer Einladung: "Der Geist und die Braut sagen: Komm!" (Offb 22,17) und einem Versprechen: "Siehe, ich komme bald." (22,20)

Das Predigen und Lehren der Offenbarung ist eine heilige Berufung. Es geht nicht darum, die Zukunft vorherzusagen, sondern das Lamm zu verkünden, beständige Hoffnung zu nähren und die Kirche dazu aufzurufen, jetzt als Vorgeschmack der kommenden Welt zu leben.

Mögen diejenigen, die die Offenbarung lehren und predigen, dies mit Mut, Kreativität und Mitgefühl tun – und der Kirche helfen, nicht nur zu sehen, was ist, sondern auch, was bald geschehen muss (Offb 1,1), und dem Lamm zu folgen, wohin es auch geht (14,4).

Fragen zur Reflexion oder Diskussion
- Welche Herausforderungen und Chancen erwarten Sie beim Predigen oder Lehren der Offenbarung in Ihrem eigenen Kontext?
- Wie kann das Buch der Offenbarung zu einer Quelle der Ermutigung und Vorstellungskraft werden, statt Angst oder Verwirrung zu stiften?
- Auf welche praktische Weise könnten Sie einige der in diesem Kapitel aufgeführten homiletischen und pädagogischen Strategien in Ihrem örtlichen Kirchenkontext anwenden?

Epilog
Lebendige Offenbarung heute

Die Offenbarung des Johannes ist nicht nur eine Aufzeichnung alter Visionen oder ein Wegweiser in die Zukunft. Sie ist ein lebendiges Wort – sie ruft die Kirche zu jeder Zeit und an jedem Ort dazu auf, das Lamm zu erkennen, anzubeten und ihm nachzufolgen. In einer Welt, die noch immer von Macht, Ungerechtigkeit und Leid geprägt ist, weckt die Offenbarung unsere theologische Vorstellungskraft und unseren moralischen Mut. Sie fordert uns auf, die Geschichte nicht mit Angst oder Zynismus zu betrachten, sondern durch die Linse der Treue Gottes und des Sieges des Lammes.

Dieses Buch möchte die Leser auf einer Reise der treuen Auseinandersetzung mit der Offenbarung begleiten – durch sorgfältige Interpretation, globale Perspektiven und eine Haltung der Anbetung und Hoffnung. Doch die wahre Interpretationsarbeit setzt sich im Leben der Kirche fort: in ihrer Predigt und Lehre, in ihrem Widerstand gegen Ungerechtigkeit und in ihrem Zeugnis für das kommende Reich Gottes.

Wenn Studierende, Pfarrer und Gemeinden weiterhin auf das hören, was der Heilige Geist den Kirchen sagt, mögen sie dies mit Ehrfurcht, Freude und Mut tun. Denn das Lamm, das geschlachtet wurde, lebt. Das neue Jerusalem kommt. Und die Kirche ist berufen, Zeichen, Lied und Dienerin dieser Verheißung zu sein – bis Gott alles neu macht.

Ausgewählte Bibliographie

Aune, David E. 1997-1998. *Revelation*. Word Biblical Commentary, 3 vols. Dallas: Word Books; Nashville: Thomas Nelson.

Bauckham, Richard. 1993. *The Climax of Prophecy: Studies on the Book of Revelation*. Edinburgh: T&T Clark.

Bauckham, Richard. 1993. *The Theology of the Book of Revelation*. Cambridge: Cambridge University Press.

Beale, G. K. 1999. *The Book of Revelation: A Commentary on the Greek Text*. New International Greek Testament Commentary. Grand Rapids: Eerdmans.

Blount, Brian K. 2005. *Can I Get a Witness? Reading Revelation through African American Culture*. Louisville: Westminster John Knox.

Blount, Brian K. 2009. *Revelation: A Commentary*. New Testament Library. Louisville: Westminster John Knox.

Boesak, Allan A. 1987. *Comfort and Protest: Reflections on the Apocalypse of John of Patmos*. Louisville: Westminster John Knox.

Fiorenza, Elisabeth Schüssler. 1991. *Revelation: Vision of a Just World*. Minneapolis: Fortress Press.

Flemming, Dean. 2022. *Foretaste of the Future: Reading Revelation in Light of God's Mission*. Downers Grove, IL: IVP Academic.

Gorman, Michael J. 2011. *Reading Revelation Responsibly: Uncivil Worship and Witness, Following the Lamb into the New Creation*. Eugene, OR: Cascade Books.

Gwyther, Timothy, and Wes Howard-Brook. 1999. *Unveiling Empire: Reading Revelation Then and Now*. Maryknoll, NY: Orbis Books.

Keller, Catherine. 2021. *Facing Apocalypse: Climate, Democracy, and Other Last Chances*. Maryknoll, NY: Orbis Books.

Koester, Craig R. 2014. *Revelation: A New Translation with Introduction and Commentary*. Anchor Yale Bible, vol. 38A. New Haven: Yale University Press.

_____. 2018. *Revelation and the End of All Things*. 2nd ed. Grand Rapids: Eerdmans.

McKnight, Scot, and Cody Matchett. 2023. *Revelation for the Rest of Us: A Prophetic Call to Follow Jesus as a Dissident Disciple*. Grand Rapids: Zondervan.

Míguez, Néstor. 1995. "Revelation and the Victims of Economic Exclusion: Reading Revelation 18 from a Latin American Context." In *Reading from This Place: Social Location and Biblical Interpretation in Global Perspective*, edited by Fernando F. Segovia and Mary Ann Tolbert, 135–150. Minneapolis: Fortress Press.

Paul, Ian. *Revelation*. 2018. Tyndale New Testament Commentaries. Downers Grove, IL/ London, IVP Academic.

Reddish, Mitchell. 2001. *Revelation*. Smyth and Helwys Bible Commentary. Macon, GA: Smyth and Helwys.

Rhoads, David, ed. 2005. *From Every People and Nation: The Book of Revelation in Intercultural Perspective*. Minneapolis: Fortress Press.

Rossing, Barbara R. 2004. *The Rapture Exposed: The Message of Hope in the Book of Revelation*. Boulder, CO: Westview Press.

Thomas, John Christopher and Frank D. Macchia. 2016. *Revelation*. The Two Horizons New Testament Commentary. Grand Rapids, Eerdmans.

Thompson, Leonard L. 1990. *The Book of Revelation: Apocalypse and Empire*. New York: Oxford University Press.

Weinrich, William C., ed. *Revelation*. 2005. Ancient Christian Commentary on Scripture. Downers Grove, IL: IVP Academic.

Wright, N. T. 2011. *Revelation for Everyone*. London: SPCK.

Anhang

Die sieben Kirchen des antiken Kleinasiens in ihrem heutigen Kontext

Die Kirchen befanden sich in der heutigen Türkei, nördlich des Mittelmeers zwischen Europa und Asien.

Die Kirchen befanden sich im westlichen Teil der Türkei.
Von KI erstellte Karten.